Gerhard G. Hösl **Mediation**

Gerhard G. Hösl

# Mediation – die erfolgreiche Konfliktlösung

Grundlagen und
praktische Anwendung

Kösel

Informationen über Ausbildung in Mediation mit dem Autor als Dozenten erhalten Sie über folgende zwei Adressen:

perspectiva-Büro Schweiz
Bahnhofstr. 63
CH-4125 Riehen
Telefon: 00 41-61-641 64 85
Fax: 00 41-61-641 64 87
E-Mail: info@perspectiva.ch
Internet: www.perspectiva.ch

perspectiva-Büro Deutschland
Bleichestr. 16
D-79576 Weil am Rhein
Telefon: 0 76 21-70 50 14

*Anschrift des Autors:*

Dr. Dr. Gerhard Gattus Hösl
Jakob-Klar-Str. 5
D-80796 München
Telefon: 0 89-27 36 95 71
Fax: 0 827 36 95 70
E-Mail: info@hoesl-mediation.de
Internet: www.hoesl-mediation.de

3. Auflage 2006

Umschlag: Elisabeth Petersen, München
Umschlagfoto: photonica / Jens Haas
Druck und Bindung: Pustet, Regensburg
Printed in Germany
ISBN-10: 3-466-30592-6
ISBN-13: 978-3-466-30592-6

*Gedruckt auf umweltfreundlich hergestelltem Werkdruckpapier (säurefrei und chlorfrei gebleicht)*

www.koesel.de

Sehen, was ist
Sagen, was in mir ist
Suchen, was möglich ist
Sichten, was trägt
oder heilt

# Inhalt

# Aussichten auf Einsichten

## *(VOR dem WORT)*

Kurz vor Beginn einer Informationsveranstaltung, die 1999 zum Thema MEDIATION stattfand, wurde dieses Wort auf der Hinweistafel mit einem$^{T}$ zu MEDI$^{T}$ATION verändert. Inzwischen macht die Mediation Karriere: als ein Angebot (unter mehreren), wie Konflikte zu bereinigen sind.

Dieses Buch lädt Sie ein zu einer Reise, auf der Sie in sechs grundlegenden Schritten entdecken, welche Talente und Möglichkeiten *Sie* im Falle eines *Konfliktes* haben, um selbstverantwortlich und gemeinsam mit Ihren Kontrahenten auch in scheinbar aussichtslos verfahrenen Streitigkeiten zu einer einvernehmlichen und für alle vorteilhaften (Win-Win-)Lösung zu kommen. Das ist Utopie? Sie fragen, wie das gehen soll? Mediation (= Vermittlung) bietet Antworten. Sie werden sehen, dass ein Außenstehender das in Ihnen vorhandene Potenzial in Schwung bringen kann, wie ein Dirigent aus jedem Mitglied des Orchesters den Beitrag zum Gelingen der Aufführung herausholt und ihm eine neue Erlebnisdimension seines speziellen Talentes vermittelt.

DirigentIn in der Mediation ist der/die MediatorIn, also der/die MittlerIn, der/die VermittlerIn. Die TeilnehmerInnen sind die KünstlerInnen, ohne die nichts zu erreichen ist. Um das Lesen und den »Geschlechterkonflikt« nicht zu verkomplizieren, ist in diesem Buch der Mediator mit der Mediatorin identisch und die Mediatorin ist zugleich der Mediator. Der andere ist auch die andere, jeder ist genauso jede, die Einzelne auch der Einzelne, der Mediationsteilnehmer die Mediationsteilnehmerin usw.

Ihre Entdeckungsreise führt nicht durch eine »Bleiwüste«. Es erwarten Sie »Oasen«: bewährte Lebensordnungen und allgemein gültige Erkenntnisse, die sich im Umgang miteinander als beruhigend, hilfreich und entlastend erwiesen haben. Der Weg wird für Sie besonders lohnend, wenn Sie nicht zu sehr forcieren (zum Beispiel durch Querlesen). So erhöhen Sie Ihre Aussichten auf Einsichten, die eine für die Zukunft tragfähige Konfliktregelung oder Konfliktlösung ermöglichen.

Für den wertvollen und anregenden »Reiseproviant« auf meinem eigenen Weg zur Mediation danke ich Andrea Budde, Stefan Kessen und Dr. Markus Troja. Ich danke für das kreative Echo aller, die ich bisher zu Mediatoren und Mediatorinnen ausbilden konnte.

*Gerhard Gattus Hösl*

# Einleitung

Unsere Freude am Leben wächst, wenn wir mit eigener Kraft eine Aufgabe meistern, ein Ziel erreichen. Wir haben unsere eigenen Möglichkeiten genutzt, unser Vorhaben ist gelungen: Wir haben etwas fertig gebracht. Wir können befreit aufatmen. Und wenn wir ganz besonders erleichtert sind, schweben wir sozusagen zwei Zentimeter über dem Boden. Nur: Der Alltag holt uns wieder ein. Da gibt es auch vieles, was nicht so gut passt, privat und beruflich. Das Verhalten des Partners nervt (»Wenn *du* im Bad warst, sieht es hinterher immer aus wie nach der Sintflut«), Eltern und Kinder geraten aneinander, Kollegen am Arbeitsplatz auch, Chefs und Angestellte, Politiker und ihre Gegner, Polizeibeamte und Demonstranten – und viele mehr. Da knirscht und kracht es oft gewalt-ig.

Bei Ameisen und Bienen ist das nicht so: »Die Ameise kennt die Formel ihres Ameisenhaufens. Die Biene kennt die Formel ihres Bienenstocks. Sie kennen sie zwar nicht auf Menschenart, sondern auf ihre Art. Aber mehr brauchen sie nicht. Nur der Mensch kennt seine Formel nicht.« Hat Dostojewski Recht? Sind wir orientierungslos? Können wir uns nicht so abstimmen, dass Konflikte, die meist das Ergebnis einer misslungenen Kommunikation sind, vermieden werden? Wenn wir davon ausgehen, wir könnten ein Leben ohne Konflikte leben, gehen wir an der Wirklichkeit unserer Existenz vorbei.

> Zwischen (zwei oder mehreren) Menschen liegt ein Konflikt vor, »wenn eine Partei Verhaltenstendenzen verfolgt, die mit den Verhaltenstendenzen einer anderen Partei nicht zu vereinbaren sind oder zumindest einer Partei unvereinbar zu sein scheinen. Verhalten ist hier im weitesten psychologischen Sinn zu verstehen; unvereinbar können

daher nicht nur Wünsche oder Interessen sein, sondern z.B. auch Meinungen, Werte, Sympathieempfindungen und dergleichen mehr.«[1]

Nehmen wir einen praktischen Fall, der in vielfältigen Variationen und Kombinationen in Familien und im Berufsleben an der Tages(un)ordnung ist:

An der Modeschule FINESSA bestehen zwischen Frau A, der Lehrerin für Design, und ihren Kollegen, Herrn X (Textilkunde), Frau Y (Farbenlehre) und Herrn Z (Kunst- und Kostümgeschichte) immer stärker werdende Spannungen. Diese Spannungen und Rivalitäten veranlassten Frau A, folgenden Brief mit Abschrift an die Schulleitung zu schreiben:

*Sehr geehrter Herr Kollege X!*
*Sehr verehrte Frau Kollegin Y!*
*Sehr geehrter Herr Kollege Z!*

*Da Sie sich mir gegenüber in jeder Beziehung unkollegial und persönlich diskreditierend verhalten, teile ich Ihnen mit, dass ich dieses Verhalten nicht mehr länger hinnehme. Sie zeichnen, was meine Person angeht, bei Schülern und Lehrern das Feindbild der »Steinzeitkollegin« und geben Wertungen über mich ab, die ehrverletzend sind. Sie scheuen auch nicht davor zurück, sich über mich bei Schülern lustig zu machen und eine neu eingestellte Kollegin durch eine wahrheitswidrige Darstellung meiner Unterrichtsgestaltung auf Ihre destruktive Seite zu ziehen. Ihre dabei »nur nebenbei« angebrachte Bemerkung, ich sei nicht teamfähig, entlarvt Ihre wahren Beweggründe: Sie sind offensichtlich nicht in der Lage zu akzeptieren, dass die Schulleitung mir die Koordination Ihrer Fachbereiche übertragen hat. Wie Ihnen sicherlich nicht verborgen blieb, wurden aus meinem verschlossenen Schrank persönliche Unterlagen wie Entwürfe, Zeichnungen, Designstudien, Gehaltsnachweise entwendet. Über den beziehungsweise die Täter darf spekuliert werden. Das Ansehen der gesamten Modeschule wird beschädigt. Niemand darf wegschauen! Ich fordere Sie auf, ab sofort Ihr Mobbing-Komplott aufzulösen und jedes dementsprechende Verhalten zu unterlassen.*

*Mit freundlichen kollegialen Grüßen!*

*(Unterschrift Frau A)*

*Abschrift an die Schulleitung*

Wenn jetzt X, Y und Z diese Vorwürfe abstreiten und zum Beispiel als »Hirngespinste der immer schon sehr schwierigen Frau A« abtun oder das »Hausmittel« »Angriff ist die beste Verteidigung« anwenden – ein Verhaltensmodus, der in allen Lebensbereichen Schule macht –, eskaliert der Konflikt, er steigt also stufenweise die Emotionsleiter hoch, und für eine Regelung oder Lösung ist keine Basis vorhanden. Kennen wir tatsächlich die Formel nicht, wie uns das Miteinander gelingen kann?

Ameisen und Bienen, alle Tiere haben ihren Instinkt, also Verhaltensweisen, die sie gar nicht üben müssen. Wir Menschen sind da eher auf unsere Vernunft angewiesen. Das hat auch seinen Vorteil: Wir sind nicht so festgelegt wie das Tier. Wir können außer streiten zum Beispiel das Weltall erforschen, an der Börse spekulieren oder versuchen, uns selbst auf die Schliche zu kommen, also philosophieren. – Die Konfliktlösung mit Philosophie?

> Philosophie ist der Versuch des Menschen, sich über sich selbst aufzuklären, und zwar mit den Mitteln und in den Grenzen *seiner Vernunft.* Vernunft bedeutet unter anderem das *Haben der Denk- und Seinsgesetze.* Vernunft meint auch das Haben noch ganz allgemein gehaltener Einsichten, Handlungsregeln und Ziele (die Philosophie nennt es Prinzip). Ein Beispiel ist das Identitätsprinzip. Es besagt: Was ist, das ist. Dieses Prinzip ist das Fundament

jeglicher Kommunikation der Menschen und jeder Erkenntnis. Die Vernunft ist allen Menschen gemeinsam. Sie ermöglicht uns das Personsein. Und: Wir sind nicht nur ein Vernunft-, sondern auch ein Naturwesen. Wir unterliegen den Gesetzmäßigkeiten der Natur (zum Beispiel unserer genetischen Ausstattung) wie alle Naturwesen. Wie wir mit diesen Gesetzmäßigkeiten umgehen, das müssen wir durch die Vernunft rechtfertigen,[2] die in der Philosophie bisweilen dem Gewissen auch als *Haben der Unterscheidung von »gut« und »böse«* gleichgesetzt und so von der Verstandesvernunft unterschieden wird.

Von daher können wir sagen: Die Vernunft befähigt uns, anders als der Instinkt das Tier, größere Lebenszusammenhänge einzusehen (lateinisch *intellegere*), frei zu wählen zwischen einem Ja und einem Nein und durch unser Tun aus der vorhandenen Natur Kultur zu erzeugen. Wir haben eine schöpferische Intelligenz. Mit ihr bestimmen und verwirklichen wir uns selbst. Ist die Vernunft die »Formel des Menschen« als das Wissen, wie das Leben geht, damit es gut geht?

Das oft scheiternde oder stecken gebliebene Miteinander sagt eher, es geht gar nichts. Ist ein in uns vorhandenes Wissen eine Wunschvorstellung? Wenn nein, warum scheitern wir? Verhalten wir uns wie jemand, der einen Porsche fährt, aber nur den ersten oder zweiten Gang einlegt, weil er damit zufrieden ist oder die übrigen Gänge vergessen hat?

Wie ist es möglich, uns (wieder) unser Wissen als »Bedienungsanleitung« für ein gelingendes Miteinander zu vermitteln, das darin besteht, dass der Einzelne nicht zu kurz kommt, nicht auf der Strecke bleibt mit seinen Wünschen, Bedürfnissen, Interessen, aber auch nicht zu beherrschend, bestimmend wird? Welche Orientierungsmerkmale, Maßstäbe, Spielregeln gelten?

Die Schulleitung schlägt Frau A und ihren Kontrahenten X, Y und Z die Durchführung einer Mediation vor, also einer Vermittlung (lateinisch *medium* = Mitte, Mittel wurde englisch *mediate* = vermitteln und *mediation* = Vermittlung). Eine Vermittlung zwischen Konfliktparteien durch einen Schiedsrichter oder Schlichter oder sonst eine von außen »verordnete Versöhnung« ist damit nicht gemeint. Mediation greift tiefer, zielt auf mehr: Mithilfe des Mediators wird jedem, der an ihr teilnimmt, vermittelt, wie er *selbst-verantwortlich* mit sozialem Kompetenzgewinn den Weg aus dem Konflikt finden kann, und zwar – eine erste vor-sichtige Definition von Mediation – auf folgende Weise:

> Mithilfe eines vermittelnden *externen Dritten*, des Mediators, der sich den Konfliktparteien *allparteilich* verpflichtet fühlt und der den Prozessverlauf steuert, erarbeiten *alle am ergebnisoffenen Konflikt Beteiligten* gemeinsam und *eigenverantwortlich* eine *fall- und problemspezifische*, für die Zukunft tragfähige Regelung oder Lösung des bestehenden Konflikts zum allseitigen Vorteil.

Diese Lösungsfindung findet in sechs Verfahrensschritten statt:

**Phase 1**
Vorbereitung, Einführung und Auftragserteilung

**Phase 2**
Die Informations- und Themensammlung

**Phase 3**
Die Bedürfnis- und Interessenklärung

**Phase 4**
Die kreative Ideensuche/Bildung von Optionen auf der Grundlage der Interessen

**Phase 5**

Die Bewertung und Auswahl der Optionen auf der Grundlage der Interessen als Schritt der Einigung auf eine Regelung oder Lösung

**Phase 6**

Abschluss einer Vereinbarung als Dokumentation des Ergebnisses – Die Umsetzung der Vereinbarung

Je intensiver der Mediator in der Phase 1 in die Mediation einführt beziehungsweise die Mediationsteilnehmer diese Phase 1 verinnerlichen, desto hilfreicher ist das bei der ab der Phase 2 beginnenden speziellen Konfliktbearbeitung, die sich stark auf die einzelnen Teilnehmer konzentriert. In ihr kommen A, X, Y und Z – letztere drei bestreiten die Vorwürfe – über die

- Themensammlung (zum Beispiel: Der Brief; Umgang miteinander; Rolle einer Fachbereichs-Koordinatorin),
- Klärung der Interessen (Frau A zum Beispiel möchte in Ruhe und Frieden im offenen Teamgeist arbeiten und ihre Nerven schonen; X, Y und Z ist unter anderem die Rücknahme des Briefes mit einer Entschuldigung für ihre auch künftige berufliche Reputation wichtig. Z will eine rein auf das Berufliche beschränkte reibungslose Zusammenarbeit),
- kreative Ideensuche zur Bildung von Optionen, also (Wahl-)Möglichkeiten (zum Beispiel: Installierung eines Verfahrens, das »solche« Briefe verhindert; Frau A unterrichtet an einer anderen FINESSA Schule) und
- Bewertung und Auswahl der Optionen (zum Beispiel: Was spricht für die Option, was dagegen, was ist interessant?)

zu folgender Mediationsvereinbarung:

**Mediationsvereinbarung**

zwischen
Frau A
und
Herrn X
Frau Y
Herrn Z

Nach Durchführung einer Mediation treffen die Teilnehmer folgende Vereinbarung:

Vorbemerkung

Frau A legt Wert auf die Feststellung, dass sie den über die Schulleitung der Modeschule FINESSA an Herrn X, Frau Y und Herrn Z adressierten Brief vom ... geschrieben hat, um nach ihrer Überzeugung gegebene Tendenzen und Verhaltensweisen transparent zu machen, die ihr gegenüber Offenheit, Akzeptanz und Toleranz und Loyalität vermissen ließen. Herr X, Frau Y und Herr Z legen Wert auf die Feststellung, dass sie die in diesem Brief offen oder verschlüsselt enthaltenen Vorwürfe als ehrverletzend erachten. Dies vorausgeschickt, stellen die Parteien Folgendes fest:

1.

Die Diskrepanz der wechselseitigen Überzeugungen mit den darin enthaltenen unterschiedlichen subjektiven Wirklichkeitsbildern führen die Teilnehmer übereinstimmend auf eine nicht stattgefundene beziehungsweise nicht gelungene Kommunikation zurück.

2.

Sie sind darüber einig, dass die Herren X und Z und Frau Y einerseits Frau As Entschluss, zwischenmenschliche Störungen zur Sprache zu bringen, respektieren, andererseits aber Frau A aus heutiger Sicht keinen Anlass hatte, der ihre Vorwürfe im Brief vom ... rechtfertigen würde. Sie sind darüber einig, dass diese Vorwürfe in Zukunft keine Rolle mehr spielen sollen.

3.

Die Teilnehmer wollen die Kommunikation in den beruflichen Belangen nach Kräften (Ich-Botschaften; kooperativer Diskurs; sich dafür Zeit nehmen etc.) verbessern. Sie werden ab ... nach jeder vierten Schulwoche zu einem Jour fixe zusammenkommen. Inhalte des Jour fixe sind zum Beispiel Erfahrungs- und Informationsaustausch in der Frage des individuellen Lehrstils und der didaktischen Vermittlung des Lehrstoffs, Organisationsfragen, anstehende Aufgaben und Arbeiten, Fragen zwischenmenschlicher Unstimmigkeiten.

4.

Die Teilnehmer erklären übereinstimmend, dass diese Vereinbarung der Schulleitung vorgelegt werden soll. Die Schulleitung wird gebeten, das weitere Vorgehen in der Frage der Koordinierung der Fachbereiche mit den Teilnehmern gemeinsam abzustimmen.

5.

Sobald einer der Teilnehmer dies wünscht, wird ein schnellstmöglicher Mediationstermin zur Erfolgskontrolle vereinbart.

Ort, Datum

Frau A          Herr X          Frau Y          Herr Z

Die Mediation ist von ihrem äußerlichen und inneren Aufbau, von ihrem Verfahren und ihrer Absicht her für die Bearbeitung eines *jeden* Konflikts zwischen Menschen geeignet. Ihre Anwendungsfelder erstrecken sich heute insbesondere

- *auf Paar-, Ehe- und Familienkonflikte (Familienmediation)*

Die berühmte »schmutzige Wäsche« hängt nicht ausschließlich an den Headlines der Boulevard- und Regenbogenpresse. Bereinigt wird damit nichts. Vielleicht soll kurzfristig noch eine Werbetrommel gerührt werden, aber echte (Schmutz-)Lösungsmittel sehen anders aus. In der Familienmediation geht es in erster Linie um die *Beziehungsklärung,* von der aus die Teilnehmer eine von allen akzeptierte und für die Zukunft tragfähige Regelung oder Lösung entwickeln können. Eine solche Lösung kann zum Beispiel die Beilegung von Familienproblemen oder die Fortsetzung der Partnerschaft oder Ehe oder aber die Trennung oder Scheidung als sozusagen guter Abschied sein. Geht es um Kinder, wird in der Mediation deutlich, dass der juristische Begriff des »Wohl des Kindes« eher ein Etikettenschwindel ist, weil dieser Begriff alles Wesentliche verschleiert: dass ein Kind, um das gerichtlich gestritten wird, bereits Schaden nimmt oder zumindest gefährdet ist und ihm wohler ist, wenn seine Interessen nicht zur »Verhandlungsmasse« missglückter Erwachsenenbeziehungen werden.

In Bertolt Brechts Theaterstück *Der kaukasische Kreidekreis* streiten zwei Frauen um ein Kind. Das Küchenmädchen Grusche, die Michel aufgezogen hat, und Natella, die Frau des Gouverneurs, die Michel geboren hat. Der Dorfrichter Azdak sagt zu seinem Amtsdiener: »Schauwa, nimm ein Stück Kreide. Zieh einen Kreis auf den Boden. Stell das Kind hinein.« Michel steht da, als sollte er versteigert werden. Der Dorfrichter verlangt: »Fasst das Kind bei der Hand. Die wahre Mutter wird die Kraft haben, das Kind aus dem Kreis zu sich zu ziehen.« Noch vor dem Zweikampf lässt Grusche los: »Ich hab's aufgezogen! Soll ich's zerreißen? Ich kann's nicht.« In Grusche, die Michel kein Leid antun will, erkennt der Dorfrichter »die wahre Mutter« und spricht ihr das Kind zu.

Kommt der Richter Azdak auf der Bühne dem »Wohl des Kindes« nicht näher als mancher seiner Kollegen in der Lebenswirklichkeit? Soll ein Richter entscheiden, was das Wohl des Kindes ist, muss er nicht nur über prophetische Gaben verfügen, sondern auch eine Entscheidung treffen, zu der in erster Linie die Eltern befugt und verpflichtet sind.[3] In der Mediation finden sie eine Klärungshilfe, die dem Kind eine Zerreißprobe erspart.

Außerdem: Werden Konflikte in den eigenen vier Wänden unter den Teppich gekehrt oder wird heile Welt gespielt, tickt die Zeituhr der Explosion oder der Flucht aus der Verantwortung. Übrig bleibt häufig ein Scherbenhaufen, unter dem Hoffnungen, Erwartungen und Träume begraben liegen. Der Mensch wird beschädigt. Mediation ermöglicht ohne gerichtliches Zerrbild die Übernahme der Eigenverantwortung. Mediationstechniken helfen die Wurzeln und die Entstehung eines aktuellen Konfliktes aufzudecken, also freizulegen, und ihn in einer neuen Streitkultur ohne gegenseitigen Groll zu lösen.

- *auf Konflikte der Wirtschaftsunternehmen (Wirtschaftsmediation)*

Mitsubishi Electric Europe kann sich heute in der Abteilung Technology-Service-Consulting (TSC) auf die Loyalität seiner Mitarbeiter verlassen. Als vor wenigen Jahren ein neuer Chef für diese Abteilung eingesetzt wurde, gab es plötzlich Probleme. Die TSC-Mitarbeiter hatten sich bis dahin um den Kundenservice für die unternehmenseigenen Produkte gekümmert, nämlich die Reparatur, die Wartung und die Ersatzteile für Computer, Drucker und Handys. Auch für deren behördliche Zulassung hatten sie zu sorgen. Die Vorgabe der neuen Geschäftsleitung hieß: völlige Umstrukturierung der TSC mit dem Ziel, eigene Dienstleistungsprodukte zu entwickeln. Für die Realisierung stellte der Chef hohe Anforderungen: Kreativität, Eigenverantwortlichkeit und eine rege Kommunikation. Die Mitarbeiter, die einen solchen Arbeitsstil nicht gewohnt waren und sich überfordert fühlten, reagierten mit Dienst nach Vorschrift, Flucht aus der Verantwortung oder verbalen Attacken untereinander. Ein beigezogener Mediator klärte in Einzelgesprächen mit Mitarbeitern und Managern die gegenseitigen Störfelder. In gemeinsamen Sitzungen kam es zu einer Weichenstellung für die Zukunft mit dem Resultat, dass die Geschäftsleitung ihre Forderungen relativierte und die Mitarbeiter mehr Verantwortung auf der Grundlage übernahmen, an einer besseren Kommunikation zu arbeiten.[4]

Mehr als 4000 amerikanische Wirtschaftsunternehmen, darunter Atlantic, Bell, Coca-Cola, Motorola, Microsoft und Phillip Morris hatten sich schon im Jahre 2000 verpflichtet, vor einer gerichtlichen Klage eine alternative Streitbeilegung zu suchen.[5] Franchisegeber wie McDonald's, Pizza Hut, Burger King oder Holiday Inn Worldwide lösen inzwischen Konflikte mit ihren Franchisenehmern vorzugsweise durch Mediation.

Das Konfliktmanagement als Oberbegriff für alle Handhabungen des Konflikts, für sein »Handling«, ist in den USA in der Form der ADR, der *Alternative Dispute Resolution,* also der (zum Beispiel zum Gerichtsverfahren) *alternativen Verhandlungslösung,* breit etabliert, und zwar auch deshalb, weil sich in den 70er-Jahren führende Juristen, beispielsweise der ranghöchste Richter Warren E. Burger, für den Einsatz der ADR stark machten. Zur ADR gehören unter anderem[6] die

1. *negotiaton* als direkte Verhandlung der Parteien ohne Dritte oder Stellvertreter.
2. *facilitation* als Moderation. Der Moderator hilft bei den Verhandlungen organisatorisch und methodisch, ohne dass ein eventuell auftauchender Konflikt zum Kern seiner Aufgabe gehört.
3. *mediation.* Wird sie, wie es in den USA häufig geschieht, mit inhaltlichen Lösungsvorschlägen des Mediators entsprechend seiner Beurteilung der Situation verbunden (auch wenn er keine Entscheidungsbefugnis hat), dann wird sie als *evaluative*

*mediation* bezeichnet. Solche Vorschläge können für die Teilnehmer hilfreich sein. Es stellt sich die Frage, ob diese damit die Vollkraft der Mediation nutzen, deren Ziel es ist, die individuellen Fähigkeiten zur Schaffung tragfähiger kreativer Lösungen zu aktivieren und letztlich die Persönlichkeitsentwicklung zu fördern. Mit Persönlichkeit ist gemeint, was wir in freier Selbstbestimmung aus unserem Personsein machen.

4. *arbitration* als stark am Recht orientiertes Schlichtungs- und Schiedsverfahren. Der Schlichter macht einen inhaltlich eigenen Vorschlag. Billigen die Parteien seinen Spruch nicht, kommt es zur nächsten Stufe, zum Beispiel zu einem Arbeitskampf oder einer gerichtlichen Auseinandersetzung. Im Schiedsverfahren unterwerfen sich die Parteien dem Schiedsspruch schon vor Beginn der Verhandlungen.

Wer sich heute in Deutschland für ein Mediationsverfahren, beispielsweise eine Wirtschaftsmediation, entscheidet, etwa um unternehmensinterne Struktur-, Organisations- oder Mobbingkonflikte oder externe Kunden- und Zuliefererkonflikte zu regeln oder zu lösen, bejaht eine in die Zukunft weisende, entlastende Umgangskultur.

- auf Umwelt- und Naturschutzkonflikte (Umweltmediation)

Konflikte, wie sie bei der Planung und Realisierung von Projekten im Umweltbereich entstehen, etwa bei der Errichtung von Einkaufszentren auf der grünen Wiese, bei Straßen- und Bahntrassenverläufen oder bei Flughafenerweiterungen im Spannungsfeld von Vorhabenträgern, Behörden, Politik, Umwelt- und Interessenverbänden, Bürgerinitiativen, Bürgern und anderen, landen ohne mediative Klärungshilfe oft in Sackgassen oder im politischen Verschiebebahnhof. Das polarisiert zusätzlich. Die Schwierigkeit, Lösungswege in einer Umweltmediation, zum Beispiel bei Eingriffen in Flussläufe, zu finden, liegt häufig unter anderem darin, dass diese Wege in die gesetzlichen Verwaltungsverfahren integriert werden müssen.

Jenseits des Atlantiks ist für diese Verfahren die Einschaltung eines Mediators teilweise Pflicht. In Deutschland gibt es keine solche Verpflichtung. Umweltmediationsverfahren finden meist im Vorfeld oder parallel zum gesetzlichen Planungs- und Zulassungsverfahren statt, wobei die Ergebnisse erst nachträglich berücksichtigt werden können. Und selbst wenn Behördenvertreter an der Mediation teilnehmen, bleibt eine Übereinkunft problematisch, weil im deutschen Rechts- und Verwaltungssystem die Letztentscheidung der Verwaltungsbehörden gewahrt bleibt. Eine Integration der Mediation in das behördliche Verfahren oder die Teilnahme entscheidungsbefugter Behördenvertreter an Mediationsverfahren[7] wäre neben der Rechtssicherheit für alle Beteiligten ein sinnvoller Beitrag zur Erschließung geringerer Kosten und einer kürzeren Verfahrensdauer.

- *auf Schulen/Universitäten (Schulmediation)*

In der Schulmediation wird nicht nur zwischen Lehrern, zum Beispiel in der Modeschule FINESSA, vermittelt. Auch Konflikte zwischen Eltern und Lehrern oder Lehrern und Schülern oder Schülern und Schülern stehen »hoch im Kurs«. Im Klassenzimmer, auf dem Schulhof und Schulweg explodiert häufig die Gewalt. Bereits in Kindergärten wird heute, wenn auch nur vereinzelt, von Erzieherinnen »mini-mediiert« und in Schulen werden Schüler zu Konfliktlotsen ausgebildet: Mit Mediationsansätzen sollen sie lernen, in fremden Klassen Konflikte zwischen Altergenossen zu beenden.

Hierzu der Leiter einer Grundschule: »Wenn die Grundschule nicht in diesem Rahmen Mediation betreibt, werden sich die Folgekosten im Bereich der Sekundarstufe 1, das heißt in der Pubertät und Nachpubertät, in riesigen Sprüngen erhöhen. Ich sage nur das Wort Jugendgerichtshilfe. Kosten entstehen, um Kinder aufzufangen, die man längst in der Grundschule hätte korrigieren können.«[8]

Ist es undenkbar, dass manchem Amokläufer der (Nähr-)Boden der Frustration, der Isolation oder der Hassgefühle rechtzeitig und leichter entzogen wird?

- *auf interkulturelle Konflikte*

Kultur drückt als Lebensform auch die geistige Verfassung und die Werteeinstellung der Menschen aus, wobei jenseits geographischer Grenzen oft andere typische Lebensformen und Mentalitäten beginnen. Und auch wenn Kultur und Vielfalt global zusammengehören: Konflikte sind angesagt, nicht nur in Asylfragen.

In den letzten Jahren stellte der Niedersächsische Fußballverband (NFV) vermehrte Auseinandersetzungen zwischen deutschen und ausländischen Spielern fest. Für die Jugendlichen hat der NFV seine Statuten geändert: Vom Sportgericht gesperrte Schüler können ihre Strafe reduzieren, wenn sie im Rahmen eines von der Stadt Hannover und dem NFV finanzierten Pilotprojektes an einer Mediation teilnehmen.

In den vielfältigen Funktionsbereichen unserer Kulturen – Kultur als Inbegriff für die vom Menschen im Unterschied zur Natur selbst geschaffenen Welt[9] zum Beispiel des Rechts, der Wirtschaft, der Politik, des Sports, der Erziehung, Bildung und Kunst – muss der Einzelne genauso wie Gruppen, Organisationen oder Institutionen Zugänge zu den kulturellen Unterschieden anderer Gesellschaften haben, um Konflikte sinnvoll bereinigen beziehungsweise vermeiden zu können. In der Bearbeitung interkultureller Konflikte durch Mediation geht es darum, die kulturelle oder soziale Verschiedenheit nicht zu dramatisieren oder zu verschärfen[10] und die kulturelle Vielfalt als Chance zu nutzen, um in einer neuen Weise zukunftsorientiert zu handeln.

- *auf Nachbarschafts- und Stadtteilkonflikte*

Auch der Zoff am Zaun setzt uns zu. Und mit dem Besenstiel sich via Zimmerdecke zu beschweren schöpft nicht alle Informations- und Kommunikationsmöglichkeiten aus. Einem Fahrrad entweicht im Hause die Luft oft eher als auf der Straße. Und ein Kinderwagen im Flur lässt manchen in die Luft gehen. Dabei kann er aus allen Wolken fallen, wenn er das Problem aus der Sicht des anderen in einer »entgifteten« Atmosphäre an einem neutralen Ort hört.

Oder: In einem Stadtteil ging es um die Neugestaltung eines Platzes. Die Anwohner, ob Hauseigentümer oder Mieter, ob Gastwirte oder Verkaufsstandbesitzer, ob Vertreter der Kunst und Kultur, waren sich nur in einem Punkte einig: Der Platz muss umgestaltet werden. Über das Wie gingen die Meinungen weit auseinander. In der Mediation erarbeiteten alle Beteiligten eine gemeinsame Lösung: Jetzt ist der Platz eine Fußgängerzone, Lieferverkehr ist möglich, es gibt mehr Verkaufsstände, neue Sitzbänke und ein Kunstwerk wurde auch platziert.

- *auf Konflikte im Bauwesen*

Das Bauen ist in besonderem Maße konfliktträchtig. Es gibt kaum einen Bau, der von der Planung bis zur Fertigstellung ohne eine Änderung zum Beispiel des Leistungsverzeichnisses (Mehrungen, Minderungen) oder des Finanzierungsrahmens oder ohne Störungen im Bauablauf abgeschlossen wird. Oft sind Bauprozesse wegen der schwierigen Sachverhaltsermittlung (ein OLG-Richter meinte in diesem Zusammenhang, auf Zeugenaussagen in Bauprozessen verzichten zu können: »Zeugen sagen entweder die Unwahrheit oder sind verstorben«), wegen ihres Umfangs, ihrer Dauer und nicht zuletzt, weil das Gesetzesrecht wegen der Komplexität des Baugeschehens nur unzulängliche Lösungen liefern kann, nicht mehr justiziabel.[11] Lösungsmöglichkeiten sind oft schon verbaut. Wer allerdings den »Justizkredit« in Anspruch nehmen will (jemand prozessiert so lange wie möglich, um wegen momentaner Illiquidität oder wegen anderer Dispositionen nicht zahlen zu müssen), wird vielleicht die Mediation und damit ihre Möglichkeiten meiden, zum Beispiel (Geschäfts-)Beziehungen in einen beiderseitigen Vorteil zu wandeln.

- *auf Täter-Opfer-Konflikte*

Im so genannten Täter-Opfer-Ausgleich (TOA) geht es nach einer Straftat um eine neue Ausgleichskultur. Täter und Opfer suchen mit Unterstützung eines Mediators Möglichkeiten der Konfliktbereinigung und Schadenswiedergutmachung mit der Folge, dass, soweit gesetzlich vorgesehen, von einem gerichtlichen Strafverfahren abgesehen oder die Strafe gemildert werden kann. Dabei wird die Rolle des Täters und des Opfers neu ausgefüllt.

Übernehmen Richter auch zum Schutze der Öffentlichkeit die Feststellung von Schuld und die Verhängung von Strafe, dann entsteht beim Täter eine Auseinandersetzung mit der Justiz und ihren möglicherweise irrtümlichen Tatbeurteilungen, aber – von Ausnahmen abgesehen – keine *wirk*-liche Auseinandersetzung mit dem Opfer und dessen erlittener Schädigung. Und das Opfer selbst wird im normalen, das heißt dem (rechts-)normengemäßen Strafverfahren häufig zu einem Zeugen umfunktioniert, der den Vorfall als solchen zu schildern hat, zu seinem emotionalen Erleben aber verhältnismäßig wenig sagen darf (oder in der Gerichtsatmosphäre sagen kann) und insoweit ent-mündigt ist.

Der mediative Täter-Opfer-Ausgleich konzentriert sich so weit wie möglich auf die Realisierung der Eigenverantwortung des Täters gegenüber dem Opfer. Dem Täter wird dafür kommunikative Hilfe angeboten. Und das Opfer kann, von gegnerischen Attacken befreit, die physischen, emotionalen und sozialen Tatfolgen ansprechen und seine Wiedergutmachungsvorstellungen in einer auf Ausgleich zielenden Atmosphäre darlegen.

- *und viele mehr, zu denen zum Beispiel klassische politische Konflikte und diplomatische Kontroversen genauso gehören wie Miet- oder Erbkonflikte*

Wenn die Mediation für den Einzelnen trotz vielfältiger Konfliktsituationen in unterschiedlichen Lebensbereichen immer zu einer Entlastung führen kann, die auch allen anderen möglich und gemeinsam erfahrbar ist, müssen die Wurzeln der Entlastung in uns selbst begründet sein. Der archimedische Punkt (Archimedes, der die Erde für das ruhende Weltzentrum hielt, dachte einen festen Punkt außerhalb der Erde und sagte: »Gebt mir einen Platz zum Stehen, und ich werde die Erde bewegen«), von dem aus alles beginnt, liegt in uns selbst.

Das Gelungene und Gelingende, das Steckengebliebene und Missglückte und alles, was wir manchmal das Böse nennen, kommen aus unserer Freiheitsgeschichte, nicht aus der Naturgeschichte, aus der das Übel, zum Beispiel eine Naturkatastrophe, kommt. Das heißt: Wir haben nicht nur Geschichte, wir sind Geschichte. Wir sind ihr *Subjekt und Objekt.* Jede Ohrfeige, die ich einem anderen gebe, bleibt in der Geschichte bestehen. Ich komme damit nur nicht in die Geschichtsbücher, weil ich nicht so berühmt bin wie zum Beispiel Napoleon. Der Blick in diese Bücher zeigt uns jede Menge interpersoneller Konflikte. Und selbst wenn uns der Umgang miteinander ohne persönliches Verschulden misslingen sollte: Der Wurzelgrund für Konflikte liegt, über alle Generationen hinweg, in uns. Der Heilungsgrund auch.

Teil 1

# Wesensmerkmale und Grundlagen der Mediation

Vielleicht erwarten Sie jetzt an dieser Stelle die »ultimative« Definition für Mediation. Auch wenn sich aus dem bisher Gesagten eine erste Vorstellung für die Beantwortung der Frage »Was ist Mediation?« ergeben hat: »Festina lente« – »Eile mit Weile«.

Definitionen sind Begrenzungen (lateinisch *definire* = begrenzen). Vielleicht *weil* uns (durch Grenzen) gesichertes Wissen einfach gut tut, neigen wir dazu, nach Definitionen Ausschau zu halten wie nach einem Geländer, an dem wir uns festhalten können. Nur: Wenn wir Grenzen nicht selbst erwandern und sie uns quasi von außen vorgeben lassen, kann es sein, dass die Definition für uns zu eng ist und wir zu kurz greifen. Das Wesen der Mediation, also was sie *eigen*-tlich ist, erhellt sich uns, wenn wir ihre Merkmale einzeln durchleuchten. Zu ihnen gehören:

1. Der Mediator als externer Dritter
2. Die Allparteilichkeit des Mediators
3. Die Eigenverantwortlichkeit jedes Teilnehmers
4. Das Fall- und Problemspezifische
5. Die Ergebnisoffenheit des Konflikts
6. Die Einbeziehung aller Konfliktparteien

Dabei gilt schon jetzt: Ist nur eines dieser Merkmale nicht gegeben, können wir nicht von Mediation reden, das heißt, der Konflikt ist nicht mediationsgeeignet, nicht mediationstauglich. Die Merkmale bilden eine Einheit und wären dennoch für die Teilnehmer eine papierene, seelenlose, bloße Information, wenn sie nicht zugleich spüren und erfahren könnten, dass mit diesen Merkmalen eine bestimmte Grundeinstellung, eine bestimmte Grundhaltung des Mediators einhergeht.

> Generell meint Grundeinstellung eine existenziell gewollte persönliche Haltung eines Menschen, die sich in einem meist langen Geschehen von Vor- und Einzelentscheidungen herausgebildet hat und die von Prägungen aus der Kindheit, der Erziehung und Sozialisation (der Prozess der Einordnung des Einzelnen in die Gesellschaft) ebenso beeinflusst wird wie von eigenen (Wert-)Vorstellungen, von gemachten Erfahrungen und vielem mehr. Mit der Grundhaltung – auch Grundentscheid oder Grundoption – geben wir unserem Leben eine dynamische Ausrichtung, die wir in unseren einzelnen Verhaltensweisen verwirklichen und frei bejahen. Die Grundeinstellung beziehungsweise Grundhaltung besteht nicht neben oder parallel zu unseren Einzeltaten, sondern beseelt sie von innen heraus. Sie realisiert sich frei in unserem Verhalten und ist somit unsere Antwort auf eine uns gegebene Freiheit.[12]

Die Grundhaltung des Mediators ist unter anderem in Carl Rogers' »klientenzentrierter« (in der Mediation personen- oder teilnehmerzentrierter) »Gesprächsführung« ausformuliert, nämlich

- das einfühlende Verstehen (= Empathie),
- die Echtheit (= Authentizität) und Klarheit,
- die Wertschätzung jeder Konfliktpartei. Hinzu kommt
- das systemische Denken, das Konflikte von bestehenden Systemen her verstehen will.

Dieser »Vierklang« ist sozusagen das Lebenselixier des Mediators und damit auch das Anforderungsprofil, das er zu erfüllen hat. Der »Vierklang« ist gleichsam der Grundton, in dem er das mediative Gespräch führt.

Das bisherige Ergebnis drückt sich in der folgenden »Partitur« aus:

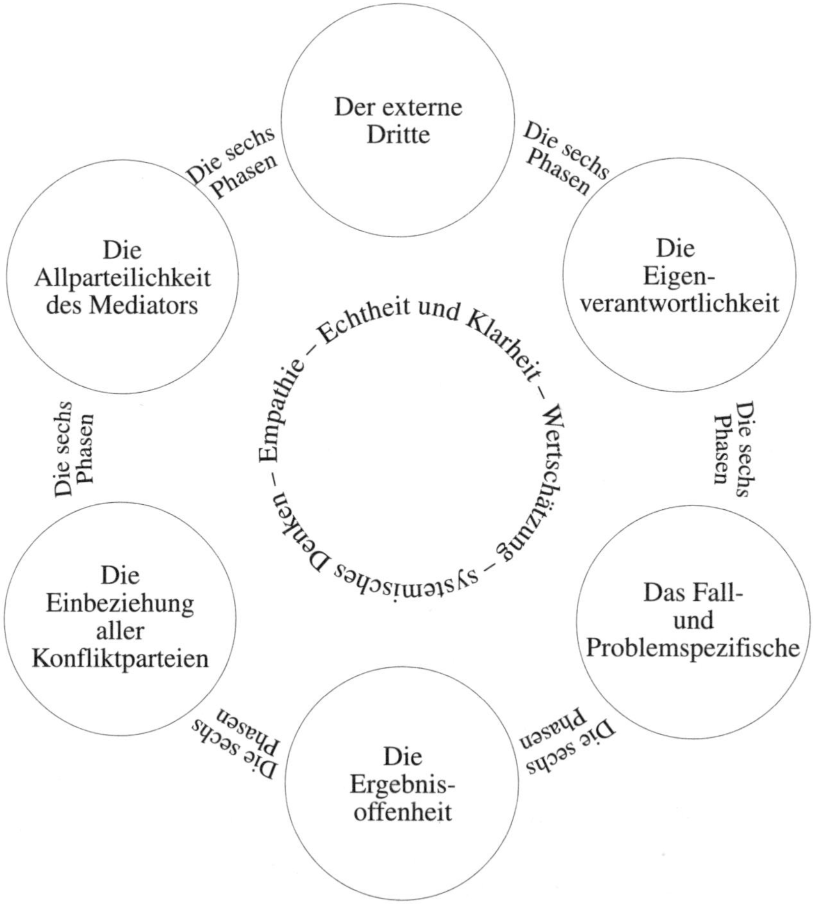


»Aufgeführt« wird diese »Partitur« in den sechs Phasen des Verfahrens mithilfe insbesondere dreier Mediations- beziehungsweise Kommunikationstechniken:

- den *kooperativen Gesprächstechniken,* die der Mediator hauptsächlich in den Phasen 2 und 3 für Sie und alle anderen Teilnehmer erkennbar und nachvollziehbar praktiziert, im Einzelnen zum Beispiel die (auch in jeder anderen Phase speziellen) Fragetechniken; das Paraphrasieren, das heißt das, was der andere gesagt hat, in überwiegend eigenen Worten wiederzugeben; die Ich-Botschaft und viele andere.
- den *Kreativtechniken,* insbesondere in der Phase 4, zum Beispiel das Brainstorming, bei dem jeder Teilnehmer Impulse, Einfälle, Ideen liefern kann, sodass es sich aus der Sicht des Mediators eher um Moderationstechniken handelt.
- den *Operationalisierungstechniken,* insbesondere in der Phase 5, zum Beispiel das Reframing (siehe Seite 145 ff.) beziehungsweise die Ausarbeitung von Aktionsplänen oder Machbarkeits-Checks. Diese Operationalisierungstechniken helfen vor allem bei der Umsetzung gefundener Handlungsmöglichkeiten in eine Lösung.

Also: Die sechs Merkmale, die vier Grundhaltungen, die sechs Verfahrensschritte und die drei Mediations- beziehungsweise Kommunikationstechniken gehören unverzichtbar zur Mediation. Mit der Unterstützung des Mediators gelingt den Parteien ihre selbstverantwortliche Konfliktregelung oder -lösung. Wer mit diesem Anspruch antritt, muss seine Rolle und sein berufliches Selbstverständnis offen legen, das sich insbesondere in den beiden Merkmalen *externer Dritter* und *Allparteilichkeit* widerspiegelt.

# Der externe Dritte

Konflikte sind kein »Geschäft mit Watte«. Die Wirkungen eines Konfliktes[13] können destruktiv und kostenintensiv sein, zum Beispiel wenn er

- zu keinen Entscheidungen oder neuen Verhaltensweisen führt und das Problem weiter besteht,
- Energie für Wichtigeres vergeudet,
- zu negativen Selbsteinschätzungen führt,
- die Moral Einzelner oder ganzer Gruppen zerstört,
- die Beteiligten noch weiter auseinander bringt oder polarisiert,
- die Zivilcourage nicht nur sprachlich zum Fremdwort macht,
- Kreativität blockiert,
- unverantwortliches Verhalten produziert
- u.v.a.m.

Die Mediation will derartige Auswirkungen verhindern und konstruktive Wirkungen eines Konflikts erfahrbar machen. Konstruktiv, und das heißt Gewinn bringend, ob im Umgang miteinander oder wirtschaftlich, kann der Konflikt erfahren werden, wenn er zum Beispiel

- den Beteiligten ihre Verantwortung bewusst oder bewusster macht und das Engagement erhöht,
- klärende Diskussionen auslöst,
- ein Ventil bietet für aufgestaute Gefühle wie Angst, Stress, Aggressionen,
- alternative Lösungen zu erkennen hilft,
- Innovationen auf den Weg bringt,
- den Zusammenhalt innerhalb einer betroffenen Gruppe fördert,
- zu sozialem Erfahrungs- und Lerngewinn führt, auch für künftige Konflikte,
- u.v.a.m.

Anfangs jedoch führt ein Konflikt meist zu Misstrauen. Ist der Mediator konfliktbeteiligt oder vom Konflikt betroffen, ist er selbst nicht frei und muss mit dem Misstrauen der Teilnehmer als seiner Konfliktrivalen rechnen. Er kann nicht erwarten, dass sie sich aus einer Deckung hervorwagen, die sie vielleicht bei einem externen Dritten eher und leichter öffnen. Als externer Dritter kann der Mediator eine seiner wichtigsten Aufgaben erfüllen: den Teilnehmern helfen, ihre schiefe Beziehungsebene wieder gerade zu richten, und das in einer Weise, die klarstellt, dass er ihnen gegenüber nicht entscheidungsbefugt ist.

Der Mediator versteht sich als Katalysator. Er ist sozusagen der Reinigungsfilter, an den sich die Teilnehmer wenden, ohne dass sie sich nach zwei oder drei Sätzen im alten Pingpongspiel gegenseitiger Vorwürfe verfangen. Wie oft werfen wir uns gegenseitig vor, der eine verstehe den anderen nicht oder sei schuld an der Störung und verstärke sie! Wendet sich jeder nur an den Mediator, bleibt die Luft so gesehen rein, weil die Meinungen und Argumente den anderen nicht direkt wie Pfeile oder Pistolenschüsse treffen. Sie können schwer verletzen und tödlich sein (ein Auf-einander-treffen) – nicht gleich biologisch, aber für die Beziehung, die nur dann gelingen kann, wenn Kommunikation gelingt. Das zu schaffen geht nicht von null auf hundert. Die Chance liegt im einfühlenden Verstehen (Empathie), in der Echtheit und Klarheit, in der Wertschätzung und im systemischen Denken.

Diesen »Vierklang« gilt es nun in seiner Wirkung auf die Teilnehmer, auch in seinen Grenzen, genauer anzuschauen: als Medizin für Beziehungsgesundung und Behebung sachlicher Störungen, als »Knotenlöser« in empathielosen und eskalierenden Konfliktgeschehnissen.

Kommen Ihnen die Worte Sympathie oder Antipathie öfter über die Lippen als Empathie? Manchmal weinen wir aus lauter Sympathie, manchmal macht uns die Antipathie hart. Und doch reichen die Sympathie als gefühlsbetonte Gemeinsamkeit und die Antipathie als gefühlsmäßige Abneigung zwischen Menschen nicht so tief wie die *Empathie*, deren Gegenpol die Apathie ist, der Zustand der Gleichgültigkeit gegenüber anderen und der Umwelt.

*Empathie* heißt *bereit und fähig sein, einfühlend zu verstehen, was den Gefühlen des anderen zugrunde liegt*. Das setzt voraus, dass der Mediator (und dann im Laufe der Mediation auch alle anderen Mediationsteilnehmer) sorgfältig zuhört und beobachtet. So kann er auch die nicht ausgesprochenen Gefühlsregungen und die »Interlinearglossen«, also die zwischen den Zeilen »angesprochenen« Informationen, Sachverhalte und Bedürfnisse, ebenso in die Konfliktbearbeitung mit einbeziehen wie die verschleiernden »Nebelkerzen«. Ohne zu belehren oder zu bewerten, richtet der empathische Mediator sein ganzes Augenmerk in fragendem Ton auf *Ihre* Ansichten, *Ihre* Vorstellungen, *Ihre* Werte und versucht paraphrasierend das Verstandene möglichst genau von *Ihrem* Blickwinkel aus wiederzugeben. In dieser Form bemüht er sich um *jeden* Teilnehmer.

Das kann ein Mediationsteilnehmer als Ent-Spannung, als Angst- und Aggressionsabbau empfinden und damit kann er (wenigstens) im Gespräch mit dem Mediator den »Wortgefechteball« (Pingpong) flach halten: ein Schritt in Richtung Konfliktbereinigung. Wenn Sie empathisch sind, wollen Sie den anderen verstehen, als würden Sie »in seinen Schuhen gehen«. Etwas von den Gefühlen des anderen zu »wissen« bedeutet Menschenkenntnis.[14] Die Gefühle sind immer auch die »Kinder der Bedürfnisse«. Gibt es Gefühle ganz ohne Bedürfnisse? Wohl kaum.

Könnten wir uns nicht in den anderen einfühlen, wären wir in uns selbst eingeschlossen wie ein Autist in seine krankhafte Egozentrik und Teilnahmslosigkeit gegenüber seiner Umwelt. Die Empathie öffnet uns ein Verständnis, das über die Sympathie, also das Mit-Fühlen, hinausgeht: Gefühl und Verstehen passen zusammen. Empathie ist das Geheimnis einer guten Beziehung,[15] ob privat (zum Beispiel familiär, freundschaftlich), zwischenmenschlich (zum Beispiel nachbarschaftlich, kollegial) oder beruflich (zum Beispiel hierarchisch, sachlich). Die Kunst der Beziehung besteht zum großen Teil in der Kunst, mit den Emotionen des anderen umzugehen.[16]

Allerdings wäre es ein Missverständnis, das einfühlende Verstehen als eine Haltung von »Friede, Freude, Eierkuchen« zu sehen, als bloße Harmonie in einem beruhigten Umfeld. Empathisch zu sein ist nicht das Privileg des Gut-Menschen. Auch Gauner, Betrüger, Verführer nehmen (einen) Anteil. Nur, dass sie manipulieren, übervorteilen, benutzen wollen. Die Fähigkeit, zwischen einem authentischen, echten und einem funktionalen, ausbeuterischen Einfühlungsvermögen zu unterscheiden, verringert unsere Chance, Opferlamm zu werden. Auch in der Mediation.

Wie ich ein Kind mit seinem Verhalten konfrontieren und ihm dabei Grenzen zeigen muss, weil ich es mag und es sich entwickeln soll, so wird die Mediatorin neben dem einfühlenden Verstehen den Mut zur Konfrontation als einen eigenständigen Wert sehen und beides in einem Gleichgewicht halten, das eine friedliche und höfliche, letztlich fried-höfliche Pseudoharmonie (ein Sprichwort sagt: »Frieden um jeden Preis ist Krieg«) ebenso verhindert wie eine egozentrische, intolerante Mundtotmacherei. Dieses Gleichgewicht stellt sich in seinen Zusammenhängen in Anlehnung an Schulz von Thun[17] so dar wie auf Seite 37.

Gerade auch in der »Mundtotmacherei« eines Teilnehmers muss sich der Mediator zeigen als einer, der authentisch ist in dem, was er sagt. Ohne seine persönliche Echtheit und Klarheit wäre er wie ein Fremder, der sich nicht ausweisen kann.

*Echtheit* und *Klarheit* des Mediators meinen, *dass er als Person und Persönlichkeit in seiner grundsätzlichen Haltung wahrnehmbar und wahr nehmbar bleibt.* Die authentische Klarheit als sozusagen innere Hygiene bedeutet nicht, dass der Mediator seine eigene Sicht und Meinung zu den strittigen Diskussionen kundtut oder kundtun muss. Wohl aber wird er den Teilnehmern je nach Situation – zum Beispiel, wenn dadurch Irritationen unter ihnen oder ein Stillstand der Mediation vermieden werden – sagen, wie das, was gerade geschieht, auf ihn wirkt. Wenn er seine Eindrücke

und Empfindungen offen legt, bleibt er »persönlich«, klar, berechenbar. Persönliches, zum Beispiel sein eigener Berufsweg, gehört auch zu einem Gespräch, das mehr sein will als ein Smalltalk, ein Geplauder, bei dem der Mediator in seiner Persönlichkeit nicht mehr sichtbar, nicht mehr greifbar ist. Die Grenze seiner »Preisgabe« erreicht er spätestens dann, wenn er ihretwegen angreifbar wird oder ihn Teilnehmer in den Streit hinein oder auf ihre Seite ziehen wollen. Auch wenn er die Grenze klarstellt, kann jeder Teilnehmer in ihm einen selbst-bewussten, sich selbst vertrauenden Menschen erkennen, zu dem das, was er sagt und tut, passt und der deshalb nicht manipuliert.

Im Umgang miteinander bringt uns oft eines auseinander – die Manipulation: Der andere soll in einer von mir gewollten Weise reagieren, ohne dass er das richtig mitbekommt. Fast jedes Verhalten, fast jede Emotion ist entweder eine ehrliche Äußerung oder eine unehrliche Manipulation. Wenn wir schenken, kann das eine spontane und freie Gefühlsäußerung sein oder der Versuch, dem anderen das Gefühl des Verpflichtetseins zu geben. Weinen ist ein direkter Ausbruch von Schmerz oder ein Flennen um Beistand.[18]

Die amerikanische Familientherapeutin Virginia Satir und ihr Kollege Shostrom unterscheiden vier Grundtypen der Manipulation, von denen jeder vielfältig und variantenreich und oft ineinander greifend ist:

- *Ausweichen:* Still sein. Sich stellen, als hätte man nicht verstanden. Auf ein anderes Thema übergehen. Sich schwach oder hilflos stellen (»Da kann man nichts machen.«).
- *Besänftigung:* Beruhigen. Differenzen schlichten. Nett und fürsorglich sein. Andere verteidigen. Bemänteln (»Das ist doch nicht so schlimm.« »Wir stimmen ja grundsätzlich überein.«).
- *Tadeln:* Urteilen. Einschüchtern. Vergleichen. Klagen (»Du bist selbst schuld.« »Du tust niemals ...« »Warum machst du nicht ...?«).
- *Predigen:* Belehren. Autoritäten zitieren (»Du solltest ...« »Du musst ...« »Professor Meier sagt ...«). Durch Erklären, durch Berechnen, durch logischen Beweis zeigen, dass man selbst Recht hat (»Was du da machst, ist ...«).

Die Manipulation wird vermieden, wenn ich

- authentisch und klar sage, was ich empfinde, was mir wichtig ist und was ich vom anderen will,
- auf die Empfindungen und Forderungen des anderen höre und dann

- zu einer Übereinkunft oder Lösung komme oder mich entscheide, mein Anliegen und meine Wünsche einem oder mehreren anderen Menschen anzutragen.[19]

Vor einem externen, authentischen und klaren Mediator kann jeder leichter herauskommen aus seinem »Schneckenhaus« der Übervorsicht, ja des Misstrauens und sich langsam öffnen vor Menschen, die auch in die Mediation gekommen sind, um an einer konstruktiven Konfliktregelung beziehungsweise kooperativen Konfliktlösung mitzu*wirken*. Die konstruktive *Regelung* meint, dass die Teilnehmer ein Ergebnis erreichen, mit dem es zwischen ihnen weitergehen kann, ohne dass sie (schon) eine Lösung gefunden haben. Das Netz ihrer privaten oder geschäftlichen Beziehungen ist sozusagen intakt, aber nicht voll belastbar. Eine Wertschätzung besteht.

Die *Wertschätzung*, wie der Mediator sie jedem Teilnehmer entgegenbringt, meint, *den anderen als Person und Persönlichkeit zu akzeptieren und anzunehmen,* auch mit seinen Schwächen und Eigenheiten. Geht es in der Empathie darum, den anderen einfühlend zu verstehen, und in der authentischen Klarheit um die eigene Persönlichkeit, so lehnt der Mediator in der Wertschätzung niemanden ab.

Wertschätzung wird spürbar in der Art, im Klima der Begegnung, im Verstehenwollen, im interessierten Zuhören und Nachfragen. Wenn ich den anderen nicht ernst nehme, das heißt seine Situation nicht erfassen und »dranbleiben« will, kann ich nicht von Wertschätzung, Anerkennung, Akzeptanz sprechen (letztlich auch nicht von Liebe). Gespräche können zwar verstärken, Wertschätzung als Haltung entsteht in mir aber nicht dadurch, dass ich sie dem anderen verbal mitteile. Wertschätzung geht nicht ohne wirkliches Interesse am Menschen, und das heißt auch, dass ich mich engagieren muss. – Grenzenlos?

Grenzen der Wertschätzung ziehen die Teilnehmer selbst, wenn sie zum Beispiel mit ihren Verhaltensweisen das Verfahren, egal, in welcher Phase, zur Farce machen, etwa indem sie ihre Mitarbeit einstellen, oder wenn sie die Spielregeln, wie sie in der Phase 1 vereinbart werden, dadurch brechen, dass sie den Mediator oder Teilnehmer beleidigen oder untereinander handgreiflich werden, eine zum Beispiel in Mediationen mit Schülern nicht nur theoretische Vorstellung. Verweigert sich jemand derartig, wird es nicht zu Lösungsfortschritten führen, wenn ihm der Mediator zu verstehen gibt, er würde ihn wertschätzen, unabhängig davon, was er wie sage oder wie er sich sonst gebe.

Insbesondere zwei Alternativen stellen sich dem Mediator bei Störungen:

Interveniert er, das heißt, geht er (vermittelnd) dazwischen, oder hält er die Störung aus, damit den Teilnehmern selbst bewusst werden kann, wie kontraproduktiv, wie destruktiv sie sich *verhalten* (auch im Sinne von bremsen)? Entscheidend wird die Beurteilung sein: Wie nachhaltig ist die Störung für die weitere Konfliktbearbeitung? Solange die Reaktionen der Teilnehmer zeigen, dass es weitergehen kann, muss nicht jede Störung thematisiert werden und kann als störende Irritation »durchgehen«.

Spreche ich als Mediator die Störung an, muss der Störer die Gelegenheit haben, sich aus seiner Sicht un-unterbrochen zu äußern, weil dadurch relevante Zusammenhänge und Gründe für sein Verhalten deutlich und für die anderen Teilnehmer nachvollziehbar werden können. Diese Gründe wird der Mediator, wenn nötig, noch hinterfragen, zum Beispiel: »Was *konkret* hat Sie jetzt verärgert?« oder »Können Sie *genauer beschreiben*, an einem Beispiel vielleicht, was Sie stört?« Noch präziser können Einzelgespräche Störungen aufklären. Wenn zum Beispiel der Coach eines Fußballteams mit Spielern, die nicht für den Erfolg arbeiten können oder wollen – die Tore müssen sie selber schießen, die Punkte selber holen –, Einzelgespräche führt, kann er damit auch ihre Wertschätzung ausdrücken.

Nur: Einzelgespräche, so erforderlich sie bei einem Mehrparteienkonflikt zum Beispiel zur Anbahnung der ersten Mediationssitzung sein können (Phase 1, wobei sich auch erste Konfliktanalysen einstellen), bedürfen insbesondere in der speziellen Konfliktbearbeitung (Phasen 2–6) eines sensiblen Einsatzes, der sensibel nur dann ist, wenn auch mit den »Ausgeschlossenen« das Für und Wider des Einzelgesprächs erörtert wird und vorher die Spielregeln für den Umgang mit vertraulichen Informationen festgelegt werden und alle zustimmen.

Das Für liegt zum Beispiel darin, dass Vorschläge in der »Vollversammlung« als Schwäche ausgelegt oder nur deshalb abgelehnt werden könnten, weil sie vom Kontrahenten stammen. Bringt eine externe Dritte, die Mediatorin, einen solchen Vorschlag ins Gespräch, kann sich die Diskussion über seine Annahme stärker auf seinen Inhalt konzentrieren. Einzelgespräche können auch hilfreich sein, wenn es zum Beispiel nach Informationsblockade »riecht« oder wenn der Eindruck besteht, dass ein Teilnehmer mit Tricks und Täuschung arbeitet oder vielleicht realitätsfernen Positionen oder Interessen nachhängt. Im Einzelgespräch kann die Mediatorin die Sichtweise einer Partei eventuell noch besser verstehen. In den USA gehören Einzelgespräche zum festen Bestandteil insbesondere von Wirtschafts- und Umweltmediationen. In Gruppenkonflikten können sie sich verstärkt anbieten.

Das Wider liegt unter anderem in einer Ungewissheit des »Ausgeschlossenen«, insbesondere, wenn diese zu Vermutungen der Parteilichkeit oder Manipulation führt. Vor allem in der Trennungs- oder Scheidungsmediation kann ein Misstrauen entstehen, das der authentischen Klarheit und Wertschätzung den Boden entzieht. Hier ist die Standfestigkeit des Mediators gefragt, seine Grund-haltung. Dem Wesen der Mediation entspricht die gemeinsame Arbeit am Konflikt. Sie zu fördern dient dem sozialen Lernen.

Im Ganzen gesehen haben Empathie, Echtheit/Klarheit und Wertschätzung die Chance, die alle guten Beispiele haben: Sie können mit gleicher Münze zurückbezahlt werden. Zahlender und Zahlungsempfänger kann jeder Mediationsteilnehmer sein, weil von jeder Haltung, jedem Tun, jedem Beispiel ein Appell ausgeht, der den anderen beeinflusst, und zwar im Guten wie im Schlechten.

Ein schlechtes Beispiel potenziert sich im negativen Sinne, beginnend in der Familie, ausgreifend ins Berufs- und Wirtschaftsleben bis hin zu den Intrigen und »Säuberungen« innerhalb eines Staates und den Kriegen zwischen den Völkern. Am Ende stehen Völkermord und Terror. Die Gemeinschaft der Menschen und die Menschheit insgesamt werden von sozialen Milieus und gesellschaftlichen Strukturen durchdrungen, wie sie von jedem Einzelnen, wann immer er gelebt hat oder lebt, mitgeprägt sind. Diese Milieus und Strukturen führen zur »kollektiven Entfremdung«. Sie zeigt sich »in vielen erschreckenden Phänomenen, z.B. in jeder Form kollektiver Intoleranz gegen andere Gruppen, im Kolonialismus, im Überlegenheitskomplex gewisser Rassen und Kulturen ... Hitler und Stalin sind zwei Symbole, die die kollektive Entfremdung zur verbrecherischen Explosion brachten.«[20] Das Ärgernis geht dann nicht mehr nur von einzelnen Personen aus, sondern bereits von der Gesamtsituation: Es ist ein transpersonales soziales Ärgernis. Von daher wird unsere individuelle Bedeutung und Seinshöhe deutlich und ebenso, wie entscheidend wichtig für unsere Lebensqualität und Lebensfreude die persönlichen Grundhaltungen sind.

Oje, denken Sie vielleicht, ich kann doch nicht nach einer einzigen Mediation mein ganzes Leben anders führen. Das wird so sein. Aber: Ein neuer Blickwinkel kann oft schon die eigene Entlastung und eine Entlastung im Umgang mit anderen einleiten.

Der Wechselkurs der Währung Empathie, Echtheit/Klarheit und Wertschätzung bietet die Chance zu einem Kurswechsel, zu einer Bereicherung im Humanen. Da ist sogar das Wuchern erlaubt. Wenn Sie es tun, belohnen Sie sich selbst. Und Ihre Kreativität kann auf Touren kommen. Sie können sozusagen einen Gang (oder mehrere) höher schalten. Nur: Wenn wir so personenzentriert »dreiklingen«, droht da eine Kollision mit dem systemischen Denken?

Das *systemische Denken:* Der »Vierklang« setzt sich zusammen aus dem »Dreiklang« der *geistig-seelischen* Haltung von Empathie, authentischer Klarheit und Wertschätzung und dem *rationalen systemischen Denken,* das komplexe, das heißt nicht eindeutige und schwer steuerbare Systeme, deren Teil wir auch sind, mitbedenkt. Systemisches Denken bewahrt den Mediator davor, wichtige Stränge sozialer Beziehungsgeflechte, die aus persönlichen und sachlichen Drähten zueinander bestehen, aus dem Auge zu verlieren, und hält die Chance offen, jeden Teilnehmer möglichst einfühlend verstehen zu können.

Sind Sie selbst Teil eines oder mehrerer der Systeme Familie, Firma, Vereine, Kommunen, Organisationen, Verbände, politische Parteien usw.? Dann wissen Sie, wie unterschiedlich in diesen Systemen der Sinn zum Beispiel von Hierarchie, Autorität, Entlohnung, Freundschaft etc. verstanden und die private und berufliche Rolle interpretiert werden können. Erklärungen, die nur einen Konfliktgrund sehen, stehen einer vernünftigen Konfliktbearbeitung eher im Weg. Systemisches Denken verhindert ein Schwarz-Weiß-Denken, neue Perspektiven tun sich auf, denen wir nachgehen und nachgeben können. Im systemischen Denken können wir verhindern, was Charles Dickens sinngemäß so ausdrückt: Kaum hatten sie ihr Ziel aus dem Auge verloren, verdoppelten sie ihre Anstrengungen. Sind besondere systemische Verstrickungen im Spiel, bleiben auch hier Einzelgespräche, nach deren Beendigung es immer wieder wichtig ist, dass der Mediator seine Allparteilichkeit betont.

# Die Allparteilichkeit des Mediators

Haben Sie sich bei Auseinandersetzungen, von denen Sie nicht persönlich betroffen waren, schon einmal ohne Wenn und Aber auf eine Seite gestellt, für jemand Partei ergriffen, ihn gegen Vorwürfe, Angriffe, Attacken anderer verteidigt? Ob Sie froh darüber waren oder es bereut haben, kann hier offen bleiben. Und wenn wir uns aus einer Sache raushalten, nehmen wir damit auch Stellung. Die Stellungnahme eines Rechtsanwalts muss nach seinen Standesrichtlinien parteiisch sein, das heißt, er muss die Interessen seines Mandanten einseitig vertreten. Richter, Schiedsrichter, Schlichter, Sachverständige, Supervisoren, Organisationsentwickler, Unternehmensberater haben objektiv zu sein, also Subjektives nach Möglichkeit auszuschalten. Deshalb kümmern sie sich nicht wirk-lich um die Beziehungsebene, deren klärende Entflechtung auch rational-sachliche Stolperdrähte leichter kappt. Ein Fußballschiedsrichter heißt auch der Unparteiische. Und von der Neutralität zum Beispiel eines Moderators haben wir feste Vorstellungen. Aber *all*parteilich? Geht das überhaupt?

*Allparteilichkeit* heißt, der Mediator fühlt sich der *Sichtweise jedes Teilnehmers in ein und demselben Maße verpflichtet.* Er bemüht sich, diese Sichtweisen und damit auch die Konflikthintergründe engagierter, anteilnehmender und tiefgreifender (der Vierklang!) zu verstehen, als dies ein »nur« Objektiver oder Neutraler tut. Der Mediator ist ausdauernder und intensiver als ein Neutraler an einer Konfliktbereinigung im Sinne eines Klärungs*helfers für alle* interessiert. Er hat mehr als ein Neutraler ein Interesse an einer konstruktiven Konfliktregelung beziehungsweise kooperativen Konfliktlösung, aber nicht an einem bestimmten Ergebnis. Neutralität ist Teil der Allparteilichkeit.

Nur: Niemand wird, wie es aussieht, das »Nobody is perfect« aus den (Fuß-)Angeln (des Lebens) heben. Deshalb wird der Mediator die Teilnehmer bitten, es ihm zu sagen, wenn sie das Gefühl haben, er wirke wie ein Hochspringer, der sich die Latte zu hoch gelegt hat. Er ist kein Automat, kein Vermittlungsroboter, der mit seelenlosen Fertigkeiten ein vorgegebenes Verhaltensprogramm abspult. Er fühlt, er empfindet, er findet jemand intuitiv, das heißt ohne darüber nachzudenken, sympathisch oder unsympathisch. Natürlich, also seiner Natur entsprechend, kann es sein, dass er einer Partei mehr zuneigt als der anderen, ihre Sache für aussichtsreicher, förderungswürdiger oder interessanter hält. Wäre ein vollkommener Mensch überhaupt noch ein Mensch? Jedoch: Er hat ein unumstößliches, unwandelbares Interesse daran, dass die Teilnehmer eigenverantwortlich ihren Konflikt lösen.

# Die Eigenverantwortlichkeit

Wenn Woody Allen einen neuen Film fertig hat, darf ihn zuerst der Stab seiner ehemaligen und akuten Psychoanalytiker in einer Exklusiv-Vorstellung sehen. Da ist allerhand Platzbedarf im Kino. Trotz mehr als 40-jähriger Dauertherapie ist er pessimistisch: »Mir geht's so wie Cole Porters Bein. Nachdem ein Pferd darauf gestürzt war, raste er über 25 Jahre lang von einem Arzt zum anderen. Alle mühten sich mit dem Bein ab, baten ihn um sein Vertrauen, und schließlich mussten sie es dann doch amputieren.«[21] Diese Geschichte zeigt, was wir suchen, wenn wir nicht mit unseren Problemen zurechtkommen: Experten.

Viele suchen bei Konflikten immer wieder therapeutische oder juristische Reparaturwerkstätten oder greifen am Wühltisch der Leben-light-Literatur zu Anleitungen, wie es ihnen trotz bestehender Konflikte jeden Tag besser gehen kann, zum Beispiel mithilfe positiver Gedanken. Das mag gut tun, und Letztere sind auch hocherfreulich, doch es tut auch gut zu unterscheiden. Einer, der mich in die gedachte Illusion der (eventuell auch konfliktlosen) Wenn-ich-nur-will-kann-ich-alles-Welt hochhebt, ist wie ein Schäfer, der seine Schafe nach einer kurzen Schur auf einen Boden stellt, der sie in Löcher stürzen lässt, wenn sich die Probleme und Konflikte der Tatsachenwelt (zurück-)melden. In der Mediation geht es um eine Arbeit am Konflikt, in der *eigene Antworten* gefragt sind, wie sie in echten, eigenständigen Gedanken und Grundhaltungen mit enthalten sind, nicht in manipulierten. Es geht um eine mit meinem echten Fühlen und Denken in Einklang stehende Eigenverantwortung als Selbsttat.

Nur: Von Verantwortung zu reden (auch in Ethikkommissionen) ist das eine, verantwortlich zu handeln und verantwortungsbewusst unser Leben zu steuern das andere. Wie oft segeln wir unter der Ego-Flagge, wenn wir Oberwasser haben? Wie oft juckt es uns in den Fingern, dem anderen ohne Fingerspitzengefühl einmal so richtig Bescheid zu stoßen? Ein guter Boxer wird allerdings nie darauf aus sein, seinen Gegner zu verletzen, das heißt, er kennt seine Verantwortung. Wir stehen nicht nur in Konflikten mit anderen vor der Frage: Was dürfen, was können, was sollen wir tun? Wir stehen immer vor dieser ethischen Grundfrage.

> Ethik ist die Lehre vom Dürfen, Können, Sollen. Aufgabe der Ethik ist es, Freiheit und Grenzen unserer Verantwortung zu benennen und uns Hilfe zu vermitteln für die Entscheidung, wie wir handeln und was wir tun sollen. Das sittlich konkrete Denken und Handeln zeigt unsere Moral oder Unmoral. Im (sittlich konkreten) Denken und Tun sind wir moralisch oder unmoralisch. Moral ist angewandte Ethik.

*Wie* wir handeln sollen, zielt auf unsere *subjektive Verantwortung.* Es geht darum, mit welcher Gesinnung, mit welcher inneren Ausrichtung und Grundeinstellung, mit welcher Absicht und Motivation wir unser Leben vollziehen. Die Beantwortung der Frage, wie wir handeln sollen, steht unter den sittlichen Kategorien von *gut und böse (Gesinnungsethik).* Ethisch verfehlt ist es, wenn wir aus einzig und allein guter Gesinnung die Verstandesvernunft ausschalten und sie durch Ideale oder Utopien ersetzen, die vorhandene Lösungswege ausschließen. Der reine Gesinnungsethiker bedarf für das Erreichen des sittlich guten Zieles einzig und allein einer lauteren Gesinnung, die sich durch Kompromisslosigkeit auszeichnet. Nähert sich jemand dagegen dem Ideal nur noch in kleinen Schritten, die eine Vielfalt der Umstände und Folgen mit berücksichtigen, so sieht er bereits Grundsatzlosigkeit und einen Mangel an Überzeugungstreue, auch wenn die Gesinnung das Herzstück der Ethik bleibt, weil sie letztlich zeigt, welch Geistes Kind wir sind. Sie allein reicht aber nicht aus. Was ich tun soll, berührt vor allem meinen objektiven Verantwortungsbereich. Hier geht es um die Außenwirkung, um die Auswirkung auf andere. Ich muss die Folgen mit bedenken.

Im *objektiven Verantwortungsbereich* steht die Beantwortung der Frage, *was* wir tun sollen unter den sittlichen Kategorien von *richtig und falsch.* Unsere Sachentscheidungen, unsere Auseinandersetzung mit dem historisch-kulturellen Kontext, unsere Stellungnahme zu vorhandenen Möglichkeiten, zu konkreten Normen und Weisungen sind angefragt. Dabei kann der Erfolg das sittliche Handeln allein bestimmen (*Erfolgsethik*). Eine erfolgsethische Inhumanität stellt zum Beispiel der Machiavellismus dar, der für eine bedenkenlos ungehemmte Machtpolitik steht. Eine sittlich falsche Konzentration auf den Erfolg sind auch der eigensüchtige Opportunismus, der skrupellose Chauvinismus als exzessiver Nationalismus, der menschenverachtende Zynismus, der Utilitarismus (lateinisch *utilis* = nützlich), der sittliche Werte und Ideale nur so weit gelten lässt, als sie einem selber nützlich sind, und ein Sozialeudämonismus, der den ethischen Anspruch auf »das größtmögliche Glück der größtmöglichen Zahl« reduziert.[22]

Ebenso wenig werden wir unserer sittlichen Verantwortung gerecht, wenn wir in unserem Verhalten nur Gesetzen, Befehlen und Weisungen folgen, hinter denen *man* sich verstecken kann. Richten wir unser Handeln allein an gesetzlichen Vorschriften, Weisungen und Befehlen aus, so leben wir nach einer *Gesetzesmoral.* Diese legalistische Einstellung kann hinweisen zum Beispiel auf eine Trägheit, eine Bequemlichkeit, die die Anstrengung einer eigenverantwortlichen Entscheidungsfindung scheut. Sie kann zeigen, dass wir kein Vertrauen in unsere eigene Entscheidungskraft haben oder von einem überwertigen Sicherungsbedürfnis (»law and order«) geleitet sind. Wer glaubt, allein mit der Einhaltung der Gesetze seiner Verantwortung gerecht zu werden, missachtet letztlich seine Selbstverantwortung. Begriffe wie Person, Freiheit oder Gewissen verlieren an Bedeutung.

Ebenso hindert uns eine *fatalistische,* also *schicksalsgläubige Lebenshaltung,* die Eigenverantwortung für das Gelingen des Lebens zu übernehmen.

Orientierung und Maßgaben für dieses Gelingen finden wir in der *Verantwortungsethik*. Der verantwortungsethische Weg vereint die *subjektiven Komponenten* sowohl einer guten Absicht und inneren Motivation für den Einzelfall als auch einer Gesinnung und Grundhaltung, die unsere Ausrichtung zeigt (zum Beispiel in der authentischen Klarheit, Wertschätzung des anderen und Empathie), mit den *objektiven Komponenten* des sach- und wirklichkeitsgerechten Verhaltens (auch als systemisches Denken), das sich in der Wahl der eingesetzten Mittel und dem Bedenken der Folgen zeigt.

Für die Mediation alles zu viel? Jede ethische Fehlform ist immer auch konfliktträchtig. Im Verantwortungsbewusstsein (es wurzelt in unserer Vernunft als das Haben der Unterscheidung von gut und böse, als Ermöglichung des Personseins) erleben wir unser *Wissen*, wie der Umgang miteinander gelingt. Dass er eigenverantwortlich gelingt, setzt die Möglichkeit voraus, anders handeln zu können.

Damit wird alles zur Frage, wie wir in freier Entscheidung zu unseren Gaben und Talenten stehen. Menschliche Freiheit ist eine naturale Ausstattung, deren Gebrauch in uns heranreifen und sich in uns entfalten muss. Jemandem Freiheit zuzusprechen, der sie nicht zur Umsetzung seiner Talente nutzt, wäre ähnlich absurd, wie von jemandem zu behaupten, er sei sehr liebenswürdig, nur mache er von seiner Liebenswürdigkeit keinen Gebrauch.[23] Wir können unser Menschsein ver-*laut*-baren, ver-*antwort*-en, wir können unsere Selbstkraft *im Tun* erweisen. Indem wir uns konkret in personaler Freiheit (als Freiheit wovon und Freiheit wozu) vollziehen, konstruieren wir selber eine Wirklichkeit, und das heißt auch: Es geht nicht nur darum, Abwechslung in unser Leben zu bringen, sondern ebenso – und das kann »Spaß« in der Gesellschaft machen –, Werte und Werke sichtbar zu machen. Das bedeutet: Jede in uns vorhandene Gabe wird zur Aufgabe. Menschliche Freiheit ist damit *zur (Ver)Antwort(ung) gerufene Freiheit*. Deshalb ist sie *dialogisch* und *dramatisch*, also gesprächs- und handlungsbestimmt. Es geht um unsere *unvertretbare personale* Antwort.

Unvertretbar meint, eine andere Person kann nicht für uns antworten, und das heißt: Wir sind nicht nur entscheidungsbefugt und -berechtigt, wir sind auch entscheidungsverpflichtet. Das Wort »Mensch« ist nicht als bloße Beschreibung eines Lebewesens zu lesen, das die Erde bewohnt. Es ist ein Berechtigungs- und Verpflichtungsname. Wären wir zu einer Entscheidung verpflichtet auf einem Gebiet, von dem wir nichts verstehen können: Wir wären eine Fehlkonstruktion. Ein solches Gebiet ist der Konflikt. Wer auf einem umstrittenen Gebiet besonders gut Bescheid weiß, ist Experte. Oder zweifeln Sie an Ihrer Vernunft?

In Quizshows oder IQ-Tests reißen wir uns darum, unsere Kompetenz zu zeigen, und wir sind froh, wenn uns jemand in schwierigen Situationen auf die Sprünge hilft. *Eigen*-ver-*antwort*-lich für das Gelingen, das Gewinnen oder Scheitern, das Verlieren bleiben wir jedoch selbst. Der Mediator ist ein das Verfahren steuernder Vermittlungsexperte, der selbstverantwortliche, entscheidungsbefugte und -kompetente Lösungsexperte ist der Teilnehmer selbst, der damit auch den nicht therapeutischen Charakter der Mediation ausdrückt. Lösungen, die die Teilnehmer mit der Klärungshilfe des Mediators in eigener Verantwortung selbst finden, lieben sie mehr, sie sind deshalb auch haltbarer als von außen vorgeschriebene oder verfügte Entscheidungen. Mediation ist regulierte Selbstregulierung.[24] Der Mediator vermittelt Hilfe zur Selbsthilfe. Deshalb verlangt der Charakter der Mediation als Respekt vor der eigenverantwortlichen Lösungskompetenz jedes Teilnehmers, dass dieser *frei* und *willig* in die Mediation kommt.

Niemand »muss« in die Mediation. Natürlich kann ein Oberstudiendirektor anordnen, dass bei einem Konflikt zwischen Lehrern der beteiligte Lehrer X teilzunehmen hat. In der Sitzung kann dieser Däumchen drehend gelangweilt zur Decke schauen und als Unfreiwilliger den Erfolg der Mediation verhindern. Und auch wer freiwillig teilnimmt, kann jederzeit und ohne Begründung die Mediation verlassen, weil die freie Entscheidung der BATNA (und der WATNA) gilt, der *B*est *A*lternative *T*o a *N*egotiated *A*greement:

In jeder der sechs Phasen können und sollen Sie frei darüber entscheiden, welche *beste Alternative* Sie zu einem Verhandlungsabkommen in der Mediation haben, das heißt, Sie können sich überlegen, ob Sie ohne Mediationsverhandlungen besser fahren. Der eine will ein Urteil des Richters, ein anderer wendet lieber kriminelle Methoden im Umgang miteinander an, wieder ein anderer sagt: Ich sitze alles aus. Die Eigenverantwortlichkeit nimmt deshalb nicht ab.

Oder Sie können nach der WATNA, der *W*orst *A*lternative *T*o a *N*egotiated *A*greement verfahren, also abwägen, was *schlimmstenfalls* passieren kann, wenn Sie die Mediation entweder von vornherein ablehnen oder sie abbrechen. Setzen Sie die Mediation fort, geht Ihre Eigenverantwortlichkeit allem vor.

Deshalb setzt Mediation nicht voraus, dass der Mediator Fachmann im Berufsfeld der Teilnehmer ist. Er muss nicht Volkswirt oder Berufspolitiker sein, um einen Banken- oder politischen Konflikt zu mediieren. Aber er erleichtert sich das Zuhören, wenn er durch eigene Recherchen und Informationsbeschaffung zum Beispiel vom Funktionieren der Verwaltung einer Organisation oder politischen Mustern eine »selbstsichernde« Ahnung hat. Jeder Teilnehmer hat seine eigene Gefühls- und Verstandeswelt, in der er in der Mediation eine fall- und problemspezifische Regelung oder Lösung sucht.

# Das Fall- und Problemspezifische

Ergebnisse, die Sie in der Mediation erreichen werden, sind keine Musterlösungen für ähnlich gelagerte Fälle. Sie arbeiten »nur« am konkreten Einzelfall. Schon das eigenverantwortliche Experte-Sein für die eigene Sache schließt den Gedanken aus, den Geltungsbereich der Lösung auf außen stehende Dritte auszudehnen: Die Mediation achtet Ihre kreative Lösungskompetenz für Ihren Konflikt so zentral, dass kein Platz ist für allgemeine Verbindlichkeitsansprüche, wie diese zum Beispiel von der Rechtsprechung gegenüber anderen, an einem Konflikt Unbeteiligten erhoben werden. Diese Selbstkraft und Kreativität bedeuten, dass Sie und die anderen Teilnehmer nicht allein auf Rechtsnormen (und eine Gesetzesmoral, die Ihrer Selbstverantwortung zuwiderläuft) angewiesen sind – mit einer Ausnahme: bei der Überprüfung juristischer Machbarkeit der gefundenen Lösung. In der Mediation geht es niemals um die Feststellung oder Zuweisung persönlicher Schuld oder moralischer Verurteilungen. Selbstkraft und Kreativität bedeuten, dass unterschiedliche Sichtweisen und Probleme individueller, *persönlicher* und so gesehen auch *vernünftiger* angegangen und gelöst werden können.

Diese Sichtweisen und Probleme zeigen sich als *Sachprobleme* (»Die Organisationsstruktur der Firma und die betrieblichen Arbeitsabläufe sind uneffektiv und fehlerhaft«) und als *Beziehungsprobleme* der Akteure (»Ich habe ein tiefes Misstrauen gegen ihn, er ist ein Ausbeuter«). Natürlich ist eine solche Trennung rein analytischer Natur, weil »im richtigen Leben« die Sach- und Beziehungsebene fast immer ineinander fließen.

Wir können unser Gefühls- und Seelenleben, das immer ein Bezogensein ist zu uns selbst oder zu anderen, nicht von der Sachebene trennen. Die Sach- und die Beziehungsebene sind oft eine einzige »schiefe Ebene« geworden, auf der die Kontrahenten vordergründig über eine Sache diskutieren und zwischen den Zeilen oder auch offen die ganze Beziehungsmisere ansprechen. Die Dynamik dieser Verflechtung eskaliert manchmal so, dass der »Rosenkrieg« ausbricht. Die beiden Ebenen wieder mit Gesprächstechniken zu entflechten und gerade zu rücken, das ist (insbesondere in den Phasen 2 und 3) die Stunde des Mediators. Sie kann für die Teilnehmer umso entlastender sein, je gewichtiger die Konfliktursachen mit einbezogen werden.

Da tiefste Konfliktursachen vor allem im subjektiven, gefühlsmäßigen, psychischen Bereich oft schwer präzise zu orten sind, werden sie in der Mediation im Begriff *Konfliktfaktoren* erfasst. Sie können zum Beispiel in Gefühlen ebenso stecken wie in Wertvorstellungen oder technischen und juristischen Daten und Fakten. Und: Auch sie gibt es, ebenso wie Beziehungs- und Sachkonflikte, nicht in Reinkultur, nicht isoliert.

1. *Die Gefühle und psychischen Aspekte* sind die wohl innersten Konfliktfaktoren. Unser Ich ist nicht eindimensional. Nur zwei Seelen, ach, in meiner Brust? Wie oft sind wir in unserer Vorstellung Zorro, der Rächer der Enterbten, oder Robin Hood, der den Armen gibt und den Reichen nimmt, oder der Samariter, der sich niederkniet vor den Kranken, den Überfallenen der Welt, den an den Rand Gedrängten? Gleichzeitig sind wir weniger beweglich in der gewohnheitsmäßigen Erstarrung des Alltags und nicht zuletzt spüren wir unseren »Schatten«, unsere dunkle Seite. Machen es diese verschiedenen (in ihren Facetten auf der Richterskala nach oben offenen) Ich-Dimensionen dem anderen nicht leicht, uns für gespalten zu halten?
2. Und auch die *Interessen*, egal, ob sie mehr sachlich geprägt oder eher emotionaler Natur sind, kommen miteinander in Konflikt.
3. Einer hält besonders die nicht materiellen *Werte* hoch, ein anderer definiert sich über berufliche Anerkennung und finan-

zielle Werte- und Erfolgsbilanzen, und schon gibt es Meinungsverschiedenheiten zum Beispiel über Geld, Aktien, Freundschaft, Freizeit, Familie, die Männer-Frauen-Rolle, Politik, Alter, Macht, Zeit und vieles mehr.

4. Konflikte sind wie Flächenbrände. Wenn sie nicht rechtzeitig wahrgenommen und gelöscht werden, verbreitet sich Rauch und die *Fremd- und Eigenwahrnehmung* wird enorm beeinträchtigt mit der Folge, dass wir uns oft missverstanden fühlen und dementsprechend reagieren. Um nicht zum Blind-Gänger zu werden, hilft es oft nur, »Pi mal Daumen« zu entscheiden. Das tun wir häufig, wenn in komplexen Problemlagen unsere Fähigkeit, Wahrgenommenes zu verarbeiten – und damit unsere Rationalität –, beschränkt ist.
5. Wenn noch eine *Ideologie* dazukommt, wird die Situation manchmal besonders ideenlos und die Wahrnehmung noch mehr beeinträchtigt.
6. Gehen wir von unterschiedlichen *Annahmen* zum Beispiel über die Motive oder das zu erwartende Verhalten des anderen aus, können wir uns noch tiefer in den Konflikt verstricken. Reagiert der andere auf unsere, seiner Meinung nach falschen Annahmen, sind wir in Gefahr, ihm seine Reaktionen falsch auszulegen und unsere Annahmen zur sich selbst erfüllenden Prophezeiung zu stilisieren.
7. Wir haben ein *unterschiedliches Wissen.* Es gibt keine zwei Menschen mit ein und demselben Wissensstand, weder in Fragen der Bildung und des Berufs noch bei der Information. Es gibt neben allgemein bekannten oder zugänglichen Informationen auch ein verstecktes, gehütetes und unbekanntes Wissen. Deshalb bleibt unser Wissensdurst stets ungestillt. Bleibt ein berechtigtes Informationsinteresse und -verlangen unbefriedigt, sind Konflikte nicht verwunderlich, ähnlich wie bei unerfüllten Erwartungen.
8. *Erwartungen* sind spannend, weil eine Sache gut und schlecht ausgehen kann. Das heißt, sie erzeugen auch Spannungen: in uns, weil wir Ansprüche an uns stellen und weil wir von ande-

ren zum Beispiel ein bestimmtes Verhalten erwarten. Das tun auch die anderen mit Blick auf uns.

9. Aus der Sozialisation, also dem Prozess, in dem der Einzelne sich in die Gesellschaft einordnet oder eingeordnet wird, resultieren viele Verhaltensmuster. Je nach *Kulturkreis und Geschlecht* tun sich Denk- und Mentalitätsunterschiede auf, die den anderen oft schnell ausgrenzen und die, unbewusst oder verdeckt, in Konflikten ausgelebt werden.

Zur Aufgabe der Mediation gehört es jedoch nicht, tiefer liegende intrapersonale, psychisch relevante Probleme, die über die Klärung der Sach- und Beziehungsebene hinausgehen, zu bearbeiten, wenngleich nicht alles therapeutisch erfasst werden muss, was manchmal fürs Erste so aussehen mag:

»Ich werde immer erst, die ich bin und die ich sein kann, und zwar durch eine Kette von Konflikten, Krisen, Auseinandersetzungen mit mir und meiner Umwelt: Wer kennt nicht die Konflikte zwischen seiner Erschöpfung und seiner Pflicht; zwischen den Wünschen, die ich an mich selber habe, und meinem Versagen; den Konflikt zwischen meinen Vorstellungen über das Leben und den Erwartungen der anderen an mich ... In alldem bin ich immerwährend daran, mich selbst zu suchen, zu finden – ich selbst zu sein!«[25]

Die Erkenntnisse psychologischer Berater und Therapeuten, die diese in ihrer praktischen Arbeit mit ihren Klienten gewonnen haben, zeigen uns, dass wir vieles von dem beantworten könnten, was wir anderen überantworten. Die Möglichkeit zur Antwort ist in uns vorhanden, wie die Fähigkeit zu laufen in uns vorhanden ist. Wenn wir laufen lernen, müssen wir nicht vorher beweisen, dass wir dazu in der Lage sind, sondern indem wir laufen lernen, beweisen wir die Fähigkeit hierzu (Aristoteles). Die Psychologen befassen sich nach spezifischen Standards mit dem, was in uns steckt. Aber Psychologen sind wir im Prinzip alle, zwar nicht alle beruflich, aber alle mit dem Maß unserer Vernunft.

Nur: Wie unterscheiden wir, ob fall- und problemspezifisches Mediieren oder persönlichkeitsvertieftes Psychotherapieren angezeigt ist? Psychotherapiebedürftig ist »jemand, der seine Liebes- und Arbeitsfähigkeit verloren hat, sich im Leben nicht mehr zurechtfindet und selbst nicht imstande ist, die notwendigen Anpassungsschritte zu unternehmen«.[26]

Mediation setzt voraus, dass die Selbstbelebungs-, die Selbstaktualisierungskräfte zur Konfliktbereinigung abrufbar sind. Also: Mediation als Chipkarte für eine selbst programmierte Konfliktwäsche? Warum nicht! Nur muss die Mediation(s»waschanlage«) so ausgelegt sein, dass der ganze Konflikt-Last-Wagen reinfahren und gründlich, also von Grund auf, gereinigt werden kann. Für diese Reinigung auch als Bereinigung ist notwendig, dass alle Interessen Berücksichtigung finden können.

# Die Ergebnisoffenheit

Interessen (Was wünsche ich mir, wozu brauche ich das, warum ist es mir wichtig?) können sachlich und emotional sein, also auf der Sach- *und* auf der Beziehungsebene vorhanden sein. Was wären die Mediation und Ihr Konfliktlösungspotenzial wert, wenn Ihre vorhandenen Interessen aufgrund einer bestimmten Konfliktbeschreibung gar nicht berücksichtigt werden, das heißt manche Ergebnisse von vornherein nicht möglich sind? (»Ich möchte nur über die zu produzierenden Stückzahlen verhandeln, die Arbeitsbedingungen müssen außen vor bleiben.«) Mediation als reine Akzeptanzbeschaffung für besondere Schlaumeier? Ergebnisoffen heißt immer auch interessenoffen. Wichtig ist dabei: Wie verfolge ich meine Interessen? Wie machen das meine Kontrahenten? Wer gewinnt? Ich, der andere, beide, keiner? Die Grafik[27] auf Seite 58 verdeutlicht die »gängigen« Verhaltensweisen in Konflikten. Gemessen an den sachlichen oder emotionalen Interessen führen sie für den Einzelnen zu Gewinnen (Win) oder Verlusten (Lose).

## *Die Vermeidung der Konfliktaustragung oder die gegenseitige Blockade (Lose-Lose)*

Wenn A und B (= wir) den Konflikt, der wie jede Schwierigkeit als Lernangebot verstanden werden kann, verdrängen oder nicht wahrnehmen wollen, tun sich keine neuen Perspektiven auf, keine neuen Horizonte. Die Probleme bestehen weiter mit ihrer für beide nachteiligen Wirkung. Diese zeigt sich auch bei der gegenseitigen Blockade, in der A und B an ihren Positionen festhalten. Keiner kann seine Position alleine gegen den Willen des anderen durchsetzen. Auch bleiben die eigentlichen Interessen unberücksichtigt, die Motivationen sinken, die Unzufriedenheit wächst und die Beziehung ist stark belastet.

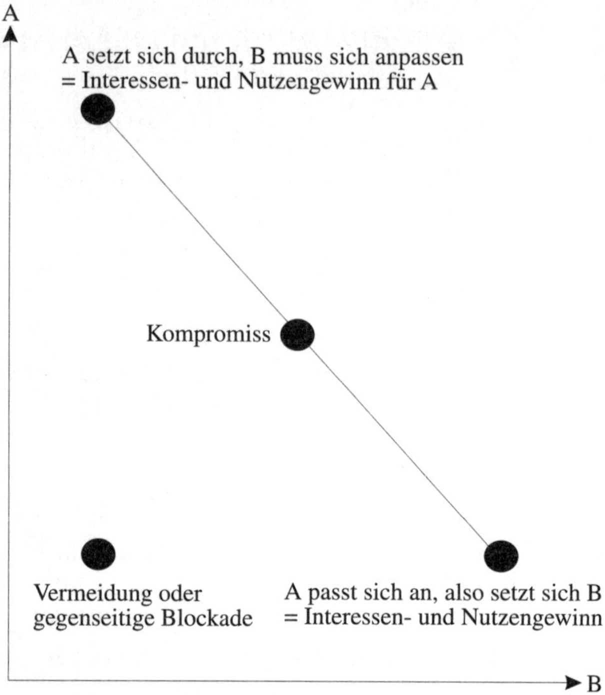


## *Die Durchsetzung (Win-Lose) – eine Vermeidung der Vermeidung*

Wenn sich A einseitig unter Einsatz seiner Machtressourcen durchsetzt, lässt er keine Ergebnisoffenheit zu und B findet das Ergebnis inhaltlich ungerecht. Eine künftig bestehende persönliche oder berufliche Beziehung ist enorm belastet. Vielleicht freut sich »der Sieger« A und genießt kurzfristig sein Oscar-Gefühl (»The winner is A«), der unzufriedene Verlierer B, in seinem Selbstwertgefühl eher der »dumme August«, schreibt möglicherweise an einem neuen Drehbuch mit dem Arbeitstitel »Die Rache des Herrn B«.

### *Die Anpassung (Lose-Win) als Beendigung der Blockade*

Ordnet sich A um des lieben Friedens und der Harmonie willen unter, hebt er die Blockade auf, und B kann sich als Sieger fühlen, weil seine Interessen gewahrt bleiben: Er bestimmt, wie die Musik spielt. Wird die Beziehungsseite über sachlich notwendige Inhalte gestellt, fallen im Ergebnis aber oft nur halbe Sachen an oder das Ergebnis ist »ganz daneben« und nicht zu verantworten. Die Beziehung ist zwar vordergründig harmonisch, das Ergebnis aber präsent wie ein Damoklesschwert.

### *Der Kompromiss (nicht ganz Win und nicht ganz Lose)*

Von der Aussage, ohne Kompromisse können wir nicht leben, leben Richter, Schiedsrichter, Schlichter, Ombudsmänner und andere mehr oder minder hauptberuflich. Sie nehmen Einfluss auf ein Ergebnis, das die Sach- und Beziehungsebene selten ganz entstört, A und B aber (teil-)entlasten kann. Da beide aus ihrer Sicht vom ursprünglich erhofften Ergebnis Abstriche machen, können viele Probleme ad acta gelegt und in einem Archiv hinterlegt werden. Ob damit die Basis für eine neue Qualität des Zusammenlebens oder der Zusammenarbeit geschaffen werden kann, bleibt eher unwahrscheinlich.

Wie dies höchstwahrscheinlich gelingen kann, zeigt die nachfolgend auf Seite 60 ergänzte Grafik.

### *Die Kooperation (Win-Win)*

Amerikanische Mediatoren nennen die Kooperationslösung in einer sprachlichen Verschlankung (entsprechend der Pfeilrichtung) Nord-Ost-Lösung. Durch ein Zusammenarbeiten können A und

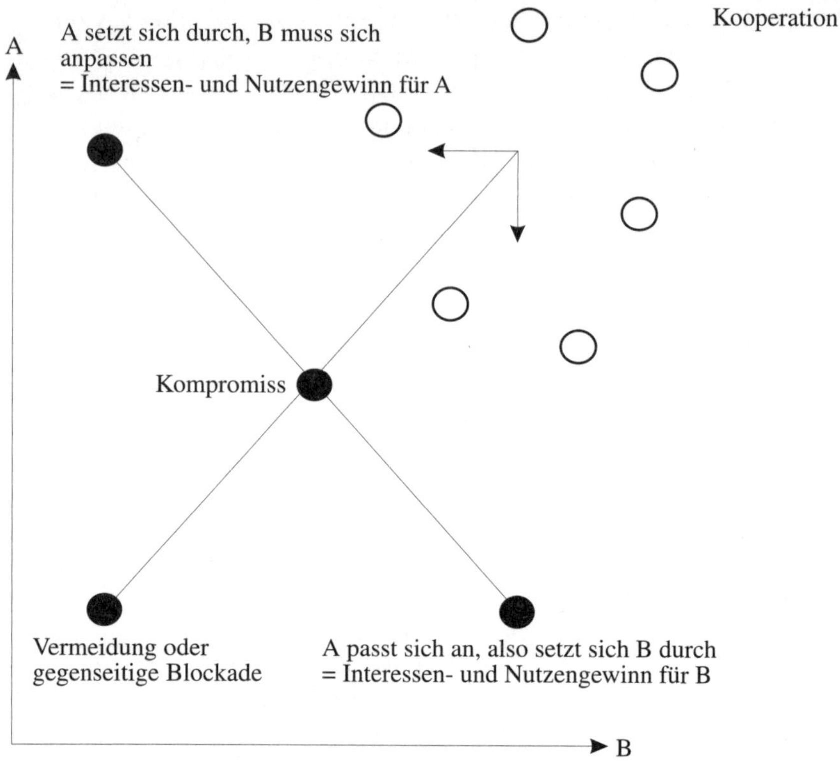


B neue, bis dahin oft nicht angedachte Regelungen und Lösungen zustande bringen. In ihnen realisieren sie ihre Interessen stärker als in jedem Kompromiss. Wenn A und B den Konflikt kooperativ bewältigen wollen, führt das zu einer inhaltlich (Sachebene) und zwischenmenschlich (Beziehungsebene) höheren Qualität der Interaktion, also des aufeinander bezogenen Handelns. Die Win-Win-Situation ist für beide greifbar, erfahrbar.

Die Kooperation ist die wohl interessanteste Qualität des menschlichen Miteinanders. Sie setzt ein Gelingen der Kommunikation voraus, auch und gerade in der Äußerung und Wahrnehmung der Interessen als Herzstück der Mediation. Also ist es notwendig, die Kommunikation genau zu verstehen.

Im Gehirn verarbeiten wir die Sinneswahrnehmungen entsprechend unserer Prägungen zum Beispiel aus der Kindheit, der Erziehung, entsprechend unserer Grundhaltungen und Wertvorstellungen, entsprechend unserer gemachten Erfahrungen, unserer intellektuellen Fähigkeiten und vielem mehr. So entwirft jeder sein eigenes Bild von sich, vom Mitmenschen, von der Umwelt. Wenn dann zwei verschiedene Bilder aufeinander prallen: Kein Wunder, wenn einer aus dem Rahmen fällt.

Der Schriftsteller Max Frisch befasste sich immer wieder mit diesem Bild, das wir uns voneinander machen: »In gewissem Grad sind wir wirklich das Wesen, das die anderen in uns hineinsehen, Freunde wie Feinde. Und umgekehrt! Auch wir sind die Verfasser der anderen; wir sind auf eine heimliche und unentrinnbare Weise verantwortlich für das Gesicht, das sie uns zeigen.« In seinem Bühnenstück *Andorra* lenkt er die Aufmerksamkeit auf einen Umgang miteinander, der von selbstgefälliger Blindheit geprägt ist. Was passiert in einem solchen Fall?

Wir sehen, ohne das bewusst zu registrieren, den anderen und seine Interessen nicht mehr. Und wie oft spüren wir unmittelbar, dass unsere Sicht zu kurz greift, wenn wir unser Bild schon fertig haben, weil es uns so zwingend, so logisch erscheint, sodass der andere mit seinem Bemühen um Aufklärung in unserem Innersten chancenlos bleibt? Wie oft gefällt uns seine persönliche Wahrheit nicht, weil sie für unser fertiges Urteil unwahrscheinlich ist? Wie oft zerlegen wir, was nicht in unsere Vorstellung passt, in Einzelteile, picken etwas heraus, vernachlässigen die Gesamtsicht und pressen den anderen in Schablonen? Die Wirklichkeit ist dann nicht mehr, was uns begegnet, sie ist, was uns passt.

Zudem trägt auch die Sprache zum Konflikt bei. Wir haben Verständigungsschwierigkeiten. Den Grund hierfür hat der Psychologe Karl Bühler in den 30er-Jahren in den unterschiedlichen Funktionen gesehen, die unsere Äußerungen zum Teil gleichzeitig und übergreifend erfüllen. Wir sprechen

- kognitiv und konstatierend, also erkennend und feststellend, indem wir uns im Rahmen bestehender Sachverhalte auf Zustände und Ereignisse beziehen. Nach Habermas ist der Geltungsanspruch die Wahrheit;
- expressiv, also ausdrückend, indem wir uns auf unser Inneres, unsere innere subjektive Befindlichkeit beziehen. Der Geltungsanspruch ist die Wahrhaftigkeit oder Authentizität;
- appellativ, also aufrufend, indem wir zum Beispiel Forderungen stellen oder Versprechen oder andere regulative Aussagen machen. Der Geltungsanspruch ist die Richtigkeit kraft Legalität oder anerkannter sozialer Normen.

Diese Funktionen berücksichtigend, hat heute die Kommunikationswissenschaft folgendes Grundmodell von Kommunikation erkannt (über ein häufig anzutreffendes Verständnis von Kommunikation hinaus, wonach zum Beispiel der Firmenchef spricht und glaubt, die Belegschaft hätte seine Ausführungen ohne jede Notwendigkeit des Nachfragens in genau der Bedeutung, die er meint, verstanden): Jede Nachricht des Sprechers enthält für den Hörer vier Botschaften, wobei er oft nur eine einzige deutlich ausdrückt, die anderen drei schwingen aber für den Hörer wahrnehmbar mit:[28]

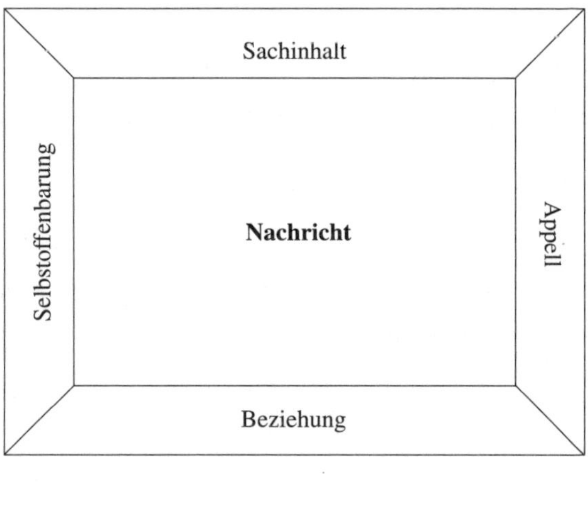

Der Hörer muss dieses »Nachrichtenpaket« gemäß seiner eigenen Erkenntnisfähigkeiten und Sinneswahrnehmungen »aufschnüren«, entschlüsseln, deuten. Seine Reaktionen weisen oft darauf hin, inwieweit die gesendete und die empfangene Nachricht übereinstimmen. Die dann wechselseitige Abstimmung ist das Feedback, die Rückkoppelung. So können Sie Ihre subjektiven Wirklichkeitsbilder mit denen der übrigen Mediationsteilnehmer abgleichen und ein gemeinsames Verständnis und Lösungsmöglichkeiten für die Sache, um die es geht, finden.

Wie vielschichtig die Notwendigkeit eines Feedbacks ist, zeigt ein Beispiel. Der Abteilungsleiter sagt: »Frau Meier, Ihr Kollege Huber hat diese Aufgabe immer schnell erledigt.« Ebenso wie der Sprecher nicht alle vier Botschaften gleichermaßen betont, so ist auch der Hörer je nach Typ oder von seinen Erfahrungen her oft nur auf eine der vier Botschaften fixiert.

Das an Sachinhalte gewohnte Ohr, sozusagen das »*Sach-Ohr*«, reagiert zum Beispiel so: »Wie schnell denn genau? Welche Hilfsmittel waren vorhanden? Nach welcher Methode hat Huber gearbeitet? Was waren die genauen Zielvorgaben?«

Jede Nachricht enthält eine – oft schwer erkennbare – Information, worum es in der Sache geht. Besonders in der Berufswelt ist oft die Sache der Auslöser von Konflikten, zum Beispiel die Unternehmensstruktur, betriebliche Arbeitsabläufe, knappe Ressourcen, organisatorische Veränderungen und vieles mehr. Eine nur sachliche Kommunikation (»Meine persönliche Beziehung zu X ist eine Nicht-Beziehung«) gibt es nicht. Auch eine Nicht-Beziehung ist eine Beziehung und wird auf die Sachebene wirken.

Das auf die Selbstoffenbarung konzentrierte Ohr, das »*Selbstoffenbarungs-Ohr*«, könnte zum Beispiel hören: »Ist die zu erledigende Aufgabe für den Abteilungsleiter besonders wichtig? Hat das für ihn immer Priorität? Wie ist er heute gelaunt? Ist er mit der Situation unzufrieden?«

In einer Nachricht teilt sich der Sender auch selbst mit. Am leichtesten verstehbar ist er, wenn er echt und klar ist in dem, was er sendet. Nur: Wie oft wollen wir uns, ob in der Familie oder im Beruf, von unserer »Schokoladenseite« zeigen, zeigen, wie tolerant, witzig, zuverlässig, kompetent und vieles mehr wir sind? Wie oft wollen wir der Gute sein statt der Ehrliche? Und sind doch nicht sicher, ob uns das wirklich gut tut und wie wir bei Kindern, Kunden, Kollegen oder Vorgesetzten ankommen? Machen wir deshalb manchmal auch zu? In der Mediation (und auch außerhalb) ist die Selbstoffenbarung eine wichtige Komponente für eine Klärung auf der Beziehungsebene.

Das »*Beziehungs-Ohr*« könnte sagen: »Ich weiß, ich weiß, er mag mich nicht und hält mich für zu langsam.« Oder: »Dann soll das doch wieder der Herr Huber machen, wenn ihm der lieber ist.«

Die Nachricht signalisiert immer auch die Qualität der Beziehung von Sender und Empfänger. Ist der Empfänger bei der Selbstoffenbarung »nur« Diagnostiker, so ist er hier auch Zielscheibe. In Ahnlehnung an Morton Deutsch[29] und Karl Berkel[30] lassen sich vier Kennzeichen feststellen, die einen *Beziehungskonflikt* offenkundig machen und die sich zu einem Konfliktsyndrom (griechisch *syndromé* = Zusammenlauf) komplettieren und eskalieren können:

- *Der Kommunikationsstil:* Er ist nicht offen, nicht aufrichtig. Informationen sind unzureichend oder bewusst irreführend. Geheimniskrämerei und bewusste Täuschungen nehmen zu. Drohungen und Druck treten an die Stelle von offener Diskussion und Überzeugung.
- *Die Wahrnehmung:* Es besteht eine verzerrte Wahrnehmung der Persönlichkeitsstruktur des anderen. Versöhnliche Gesten werden nicht mehr geglaubt und missdeutet. Es wird deutlicher gesehen, was trennt, statt was verbindet.
- *Die Einstellung:* Die Bereitschaft nimmt ab, dem anderen mit Rat und Tat zur Seite zu stehen. Dagegen neigt man mehr und mehr dazu, den anderen auszunutzen, bloßzustellen und herabzusetzen. Misstrauen und Argwohn steigern sich bis hin zu verdeckten und offenen Feindseligkeiten.

- *Der Arbeitsstil:* Die Aufgabe wird nicht mehr als gemeinsame Anforderung wahrgenommen, die am zweckmäßigsten durch Arbeitsteilung bewältigt wird, in der jeder nach seinen Kräften und Fähigkeiten zum gemeinsamen Ziel beiträgt. Jeder versucht, alles alleine zu machen oder dem anderen seine Lösung aufzuzwingen. Er braucht sich so auf den anderen nicht zu verlassen, ist von ihm nicht abhängig und entgeht damit der Gefahr, ausgenutzt und ausgebeutet zu werden.

Wir versenden aber nicht nur ein verbales Nachrichtenpaket. Auch unsere Mimik, unsere Hand- und Armbewegungen, unsere körperliche Ab- oder Zuwendung, die ganze Körpersprache als nonverbale Kommunikation und die paralinguistische Kommunikation (zum Beispiel Klangfarbe, Höhe, Tempo, Rhythmus und Betonung unserer Worte) sind als Beziehungsbotschaften zu entschlüsseln. Alles ist Kommunikation. Die Frage ist, ob sie gelingt. Bestimmte Körperhaltungen, beispielsweise das Verschränken der Arme oder übereinander geschlagene Beine, geben – selbst wenn Samy Molcho das anders sehen sollte – eher Tendenzen, aber keine festen Interpretationsregeln wieder: Ist der Mensch ein offenes Buch, das nur in *einer* Weise zu lesen ist?

Das »*Appell-Ohr*« könnte zum Beispiel überlegen: »Soll ich jetzt alles andere sofort stehen und liegen lassen?« Oder: »Ich mache das wohl am besten heute Abend zu Hause noch fertig.«

Im Appellieren will der Sender den Empfänger zu einem bestimmten Denken oder Handeln veranlassen. Dies vor allem dann, wenn beide in Verhandlungen um eine Entscheidung ringen.

In der Abgleichung der vier Botschaften einer Nachricht baut sich gelingende Kommunikation auf. Das Mediationsverfahren stellt den Teilnehmern geeignete Methoden beziehungsweise Techniken und ausreichend Zeit für den Austausch und die Prüfung ihrer Argumente zur Verfügung. Und weil eine Lösung auch für die Zukunft tragfähig sein soll, sollen alle ihr Wissen einbringen und sie akzeptieren. Deshalb bezieht die Mediation alle am Konflikt Beteiligten mit ein.

# Die Einbeziehung aller Konfliktparteien

In den meisten Fällen ist es offen-sichtlich, wer mit wem nicht kann. Und im Allgemeinen haben (oder scheuen) wir keine Mühe, unsere Konflikte so offenkundig zu machen, dass die Beteiligten *identifizierbar* sind. Partei ist, wer am Konfliktgeschehen beteiligt ist, gewinnt, sich durchsetzt oder wer vom Konfliktgeschehen betroffen, getroffen, verletzt wird. Wir schaffen das in der mikrosozialen Arena – mit Arena ist das Umfeld gemeint, in dem sich der Konflikt abspielt –,[31] zum Beispiel in der Paarbeziehung oder Familie; im mesosozialen Raum, zum Beispiel in der Gruppe; oder makrosozial,[32] also großgesellschaftlich, international. In der heutigen Mediationspraxis geht es meist um mikrosoziale Konflikte. Das Wissen jedes Einzelnen ist für die Lösung wichtig. Das kinderlose Paar, ob ledig oder verheiratet, wird in der Mediation nur gemeinsam aus seinen Schwierigkeiten herausfinden.

An Kindern gehen die Auseinandersetzungen der Eltern oder derer, denen sie anvertraut sind, nicht spurlos vorüber. Verantwortbar ist es, Kinder, die immer auch ein Fundus für Ideen sind, mit in das Mediationsverfahren zu integrieren (unter Berücksichtigung ihrer freiwilligen Teilnahme, ihres Alters und ihrer emotionalen Reife!), wenn »die Großen« mithilfe des Mediators den Boden dazu bereitet haben. Wichtig ist hier ein Fingerspitzengefühl, das letztlich die Liebe zu den Kindern berührt. Finden die Erwachsenen keinen Konsens über die Einbeziehung der Kinder, ist das Thema so lange kein Thema, bis sich eventuell doch ein Konsens ergibt. Hilfreich kann es im Einzelfall sein, die Präsenz der Kinder durch aufgestellte Stühle zu symbolisieren. In einer erweiterten Arena, zum Beispiel in einem Betrieb oder in konkurrierenden Unternehmen, werden mehrere Parteien in ihren verschiedenen Rollen für die Mediation in Frage kommen.

Die Grenze, wer an der Lösung mitarbeiten soll, ziehen in größeren Konfliktarenen organisatorisch geregelte Zuständigkeiten und Aufgabenverteilungen, zuletzt auch die Vernunft. Deshalb werden bei großen Wirtschafts-, Umwelt- oder internationalen Konflikten nicht alle Beteiligten, sondern einige wenige Stellvertreter an der Mediation teilnehmen.

Im Fall der Erweiterung des Flughafens Wien-Schwechat wurden eine Vorbereitungsgruppe und eine Prozesssteuerungsgruppe, ein Arbeitsausschuss und Arbeitsgruppen sowie Arbeitskreise gebildet, in denen die Interessen von Flugbetreibern, Nachbarschaftsgemeinden, Kammern und Verbänden, des Naturschutzes, der Bundesländer Niederösterreich und Wien, von Siedlungsvereinen und Bürgerinitiativen, politischen Parteien und anderen vertreten und »vorgeklärt« wurden, um in einem übergeordneten Forum unter Vermittlung mehrerer Mediatoren, die zuvor einzeln in den verschiedenen Gremien tätig waren, auf eine Regelung oder Lösung zuzusteuern. Ungewöhnlich? Neu?

Die mediative Konfliktbeseitigung gehört zu unserer menschheitsgeschichtlichen und kulturellen Entwicklung. Mediation ist keine Erfindung unserer Tage. Tragende Grundgedanken wie die Einbeziehung aller Konfliktparteien, der externe Dritte oder die außergerichtliche Ebene finden sich zu allen Zeiten in vielen Völkern und Kulturen, mag die Gewichtung auch verschieden sein.

Im alten China und auch in Japan wurde der mediativen Konfliktbeendigung, verankert in der philosophisch-religiösen Betonung von Konsens und Harmonie, große Bedeutung beigemessen. Afrikanische Stammesgesellschaften, denen Gerichtsinstanzen mit einer komplizierten Rechtsnormanwendung fremd waren, kannten das »Palaver« im Beisein respektierter Persönlichkeiten der Gemeinschaft: Alle am Konflikt Beteiligten mussten (Freiwilligkeit?) so lange über den Konflikt reden und verhandeln, bis er friedlich beendet war. Frühgeschichtliche Vermittlungen in Streitigkeiten lassen sich unter anderem auch in Lateinamerika und in Melanesien, dem Inselgebiet nordöstlich von Australien, nachweisen.

Wie sieht es in Europa aus? Im antiken Griechenland mit seiner auf der pólis (= Stadt, Staat) aufbauenden Gesellschaftsordnung vermittelten Politiker anderer Städte in Konflikten der Stadtstaaten. Athen und Sparta griffen auf diesen Vermittlungsservice zurück. Die Mäeutik (wörtlich die »Hebammenkunst«) des Sokrates enthält schon die wesentlichen Merkmale der heute praktizierten Mediation.[33] Das nordgermanische Thing, eine frühe Form der Volks- und Gerichtsversammlung, und der mittelalterliche englische »love-day« boten mediative Möglichkeiten einer friedlichen Konfliktbeilegung. Die internationale Diplomatie, für viele die Wiege der Mediation, nutzte sie in Deutschland nachweisbar im Dreißigjährigen Krieg. Den Westfälischen Frieden von 1648, der diesen Krieg beendete, brachten letztlich zwei Vermittler zustande: der Nuntius des Papstes Innozenz X. und, in führender Rolle, der Botschafter der Republik Venedig, Aloysius Contareno, der auf einem zeitgenössischen Stich als »Legatus et Mediator« bezeichnet ist.

Das heutige Verfahren der Mediation beruht auf dem Harvard-Konzept, das dem Mediationsverfahren die Struktur der Verfahrensschritte – insbesondere die Phasen 2 bis 5 – gegeben hat. Zentral ist das *interessen- und lösungsorientierte* sachgerechte *Verhandeln als Verhalten*, während ein soziales Lernen auch als Klärung des Verhältnisses des Menschen zu sich selbst und anderen eher am Rand geschieht.

# Das Harvard-Konzept

Das Feilschen um den Preis einer Ware ist für den Käufer und den Verkäufer sinnvoll, wenn beide handelseinig werden und zufrieden sind. Um aber von einem Feilschen um Positionen bei Verhandlungen und von einem distributiven, das heißt auf die Verteilung bereits vorhandener »Kuchenstücke« konzentrierten Verhandeln wegzukommen, das zur Unzufriedenheit des kleinsten gemeinsamen Nenners führt oder zu Teillösungen, die nur ein Trostpflaster für Symptome, aber keine Ursachenbehandlung sind, entwickelten Roger Fisher und William Ury anfangs der 80er-Jahre an der Harvard University im Rahmen des »Harvard Negotiation Program« eine Strategie des »prinzipiengeleiteten Verhandelns«.[34] Es ist ein interessenorientiertes Verhandeln, das auf eine Problemlösung zielt und derzeit die Mediationspraxis dominiert. Dem Harvard-Konzept liegen vier Prinzipien zugrunde, die auch die Phasen 2 – 5 des Mediationsverfahrens gliedern:

1. Trenne Sache und Person.
2. Konzentriere dich auf Interessen, nicht auf Positionen.
3. Entwickle Optionen zum beiderseitigen Vorteil.
4. Bewerte Optionen nach objektiven Kriterien.

1. Das erste Prinzip kennen wir bereits. Ein Konflikt entsteht und besteht auf einer *Sachebene* (Inhalts-, Verstandesebene), zum Beispiel »Ist die Organisation der Verkaufsabteilung veraltet?«, und der *Beziehungsebene* (Gefühlsebene), zum Beispiel »Er ist zu faul und eingebildet«. Beide Ebenen greifen ineinander und beeinflussen sich gegenseitig. Die ausgelöste innere Dynamik des Konfliktverlaufs führt oft zur Eskalation. Die verschiedenen Ebenen müssen in der Konfliktbearbeitung entflochten werden (dies ist die Stunde der Mediation!). Das geschieht beim Verhandeln nach dem Harvard-Konzept zunächst in ei-

ner Trennung von Sache und Person. Sachlichkeit zwischen Menschen wird im Grunde nur auf einer emotional guten Beziehungsebene möglich (Phasen 2 und 3).

2. Beharrt ein Teilnehmer nur auf seiner Position, zum Beispiel einem »Nein« oder »Ich will das so« (Phase 2), schafft das keine Perspektiven für eine Win-Win-Lösung. Werden die hinter den Positionen liegenden Interessen (mithilfe von Gesprächstechniken) offenkundig und haben dabei Gefühle ihre »Bühne«, können tiefer liegende Konfliktfaktoren deutlicher und tragfähige, für alle begehbare Lösungswege sichtbar werden (Phase 3).
3. Wie oft reden wir vom Kuchen, den es aufzuteilen gilt, und meinen dabei die Zahl und Größe der uns schon bekannten Stücke! Das Stück, das der eine bekommt, verliert der andere: das klassische Nullsummenspiel. Wir können aber auf der Grundlage der Interessen (mit Kreativtechniken) neue Ideen entwickeln und neue Handlungsmöglichkeiten bilden (»Was wäre denkbar?«) und damit den Verteilungskuchen und die Chancen für eine Win-Win-Lösung vergrößern (Phase 4).
4. Diese Handlungsoptionen können die Parteien mithilfe von Operationalisierungstechniken bewerten und auswählen (»Wie können wir es realisieren?«) und so den Schritt zur Einigung auf eine Lösung tun (Phase 5).

Das Harvard-Konzept beherrscht zwar die Mediationspraxis, jedoch besteht über die Gewichtung der Interessen (»Rational-choice-Modell«) in der Praxis keine einheitliche Meinung. Ein kritischer Teil sieht die Gefahr, dass die Interessen zu sehr auf den Eigennutz reduziert werden, verbunden mit ungünstigen Lösungsfolgen.

Der das Harvard-Konzept ergänzende Transformationsansatz, der den *ganzen Menschen* noch mehr in den Mittelpunkt stellt, lenkt auch die Aufmerksamkeit auf Fragwürdigkeiten, also etwas, das der Nachfrage würdig ist. Er sieht unter anderem wichtige Dimensionen der Beziehungsebene vernachlässigt, wenn die Interessenorientierung zu einseitig auf eine Problemlösung zielt.

# Der Transformationsansatz

Jeder gesund Geborene der derzeit gut sechs Milliarden Menschen hat zwei Augen, zwei Ohren, eine Nase, einen Mund. Dennoch bleibt Ihr Gesicht unverwechselbar individuell, auch wenn die Zahl der Menschen weiter wächst. Sie sind als geschichtlich faktische Personen einmalig, »nicht übertragbar«, auch Ihre Psyche ist ein Unikat. So gesehen können Sie sich nicht verändern, nicht ein anderer werden als der, der Sie sind, wohl aber können Sie Ihr Leben, Ihr Verhalten, Ihre Haltung ändern, anders werden, Sie können sich umstellen und sich auf diese Weise transformieren, also wandeln.

Die Transformation in der Mediation zielt zum einen auf einen solchen Wandel, zum anderen auf den Aufbau und die Entwicklung stabiler und dauerhafter Beziehungen zwischen den Konfliktparteien. Das Interesse an einer Problemlösung – es ist kein Interesse an einem bestimmten Ergebnis! – bleibt unangetastet, aber im Mittelpunkt stehen Sie und jeder Mediationsteilnehmer als Mensch, als Persönlichkeit – als das, was Sie in freier Entscheidung aus sich als Person machen. Der Transformationsansatz wird in seiner Vollkraft verwirklicht, wenn die Menschen mit sich und anderen anders als bisher umgehen, zum Beispiel anders als bisher diskutieren, und so in ihnen ein soziales Lernen stattfinden kann. Zwei Zielgrößen stehen im Vordergrund:

- einerseits die *Bekräftigung* (Empowerment), die *eigenen* Interessen, Bedürfnisse, Wünsche und mit ihnen alles, was Sie bewegt, was geregelt werden soll, auszudrücken und zu formulieren;
- andererseits die *Anerkennung* (Recognition) der *gegenseitigen* Interessen, Bedürfnisse, Wünsche, Ziele, Fertigkeiten, Optionen, Ressourcen als innere Reserven usw.

Wie jeder zu mehr Selbstausdruck bekräftigt werden kann, so können wir uns auch gegenseitig Andersdenkenden öffnen, ihre Situation nachvollziehen und ihre Haltungen achten und respektieren. – Ein schweres Unterfangen?

Zunächst: Empowerment heißt nicht, ein Gleichgewicht der Macht herzustellen oder die Macht neu zu verteilen, um einen schwächeren Teilnehmer zu stärken. »Empowert« soll *jeder Teilnehmer* werden: Mit Unterstützung des Mediators verwenden Sie selbst diejenigen kommunikativen Mittel und Möglichkeiten (zum Beispiel die Ich-Botschaft), die Sie bekräftigen, also Ihnen Power geben, Ihre Interessen, Bedürfnisse, Wünsche und Probleme (die von Interessen, Fakten, Wahrnehmungen und vielem mehr geprägt sind) so zu formulieren, dass Sie von den übrigen Teilnehmern verstanden werden können. Dadurch tragen Sie zur Konfliktklärung bei und gewinnen an Selbstsicherheit und letztlich an Selbsterkenntnis. Seelisch-geistige Entwicklungen hängen vom Kontakt zu den Vorgängen und Möglichkeiten in uns selbst ab (= »einerseits«, siehe oben). Die Selbsterkenntnis als Unterscheiden in uns selbst[35] öffnet uns auch der Erkenntnis und Anerkennung anderer, ohne dass deshalb deren Interessen mit den unseren identisch sein müssen (= »andererseits«, siehe oben).

Das heißt aber auch: Es stimmt nicht, dass wir alle Erfahrungen erst selbst machen müssen, um im Leben dazuzulernen. Warum sollten Sie sich selbst verschließen und auf Erfahrungen des anderen, die er in seiner Sichtweise äußert, verzichten? Und er auf Ihre? Unsere Einsichtsfähigkeit, unsere Vernunft erlaubt es uns, Erfahrungen des anderen zum eigenen Gelingen anzunehmen. Der informierte Mensch ist der horizont-erweiterte Mensch. Eine damit einhergehende Anerkennung (Recognition) gegenseitiger Interessen, Wünsche und Bedürfnisse ist keine Sonderform der Harmoniesucht, auch keine Schlichtungsvariante: Wenn jeder Teilnehmer die Sichtweise des anderen als Bestandteil des einen Konflikts sieht, können die Handlungsvielfalt und damit der Verteilungskuchen größer werden. Eine Utopie?

Ein Angebot: Wer dem Transformationsansatz folgt und ihn

ausprobiert, also nicht in der Trockenübung bleibt, kann seine (richtungs-)verändernde, transformierende Kraft erfahren: Mediation, die Hilfe zur Selbsthilfe, die regulierte Selbstregulierung. Und das heißt:

- Die Verschränkung der Mediationsmerkmale mit
- den Grundhaltungen des Mediators,
- die er in seiner Gesprächsführung
- innerhalb eines strukturierten Verfahrens vermittelt,
- bei dem er Mediationstechniken einsetzt,

macht die Mediation zu einer sozialen »Technik« (griechisch *tèchne* = Handwerk, Kunstfertigkeit, Kunst), mit der Sie Ihre Konfliktlasten ent-sorgen und Ihre individuellen und sozialen Lebensbezüge neu gestalten können.

In der folgenden Definition soll die Mediation als ein Angebot zur Konfliktlösung aufgezeigt sein, das *neben* den übrigen Angeboten des Konfliktmanagements (zum Beispiel Supervision, soziotherapeutische Ansätze, Teambildung, autoritäre Entscheidungen) besteht:

- Mithilfe eines in den Grundhaltungen der Empathie, der authentischen Klarheit, der Wertschätzung und des systemischen Denkens vermittelnden externen Dritten, des Mediators, der sich den Konfliktparteien allparteilich verpflichtet fühlt und der den Prozessverlauf steuert,
- erarbeiten alle am ergebnisoffenen Konflikt Beteiligten in einer für bewusste Wandlungsprozesse offenen Einstellung
- eigenverantwortlich eine fall- und problemspezifische, für die Zukunft tragfähige konstruktive Regelung oder kooperative Lösung des bestehenden Konfliktes zum allseitigen Vorteil.

Der folgende Teil 2 zeigt, wie das in der Praxis aussieht.

Teil 2

# Das Mediationsverfahren – Ein Fallbeispiel

Die Behauptung der Vertreter der Mediation, dass Sie entscheidungsbefugter Experte für Ihre eigenen Konflikte sind, muss – um Bestand haben zu können – tatsächlich nachprüfbar sein. Also wird die Frage an Sie sein, ob Sie sich nach der Bearbeitung des folgenden praktischen Falles als jemand sehen können, der, von der Mediatorin lediglich unterstützt, seine Anlagen, Talente und inneren Ressourcen so sinnvoll und kreativ einsetzen kann, dass für seine Konflikte kooperative Lösungen zum Vorteil aller möglich werden.

## *Der Fall aus der Praxis*[36]

*Bruno Cordes, Gründer und Alleininhaber der Fa. Software Cor, kommt bei einem Flugzeugabsturz ums Leben, ohne ein Testament zu hinterlassen. Die Firma ist hoch verschuldet, Geldentnahmen gefährden ihre Existenz. Sie beschäftigt 36 Mitarbeiter, Chefprogrammierer ist Michael Hornbach (54). Bruno Cordes hatte sich kurz vor seinem Tode gegenüber dem Konkurrenten M & M in der Ausschreibung um den Erhalt eines Auftrages zur Installation des neuesten Software-Programms für die überregional bekannte Lebensmittelkette CENA durchgesetzt. Der Auftrag muss innerhalb der nächsten drei Wochen von der Software Cor unterschrieben und die Software innerhalb von sechs Monaten geliefert werden. CENA verlangt die Unterschrift aller Familien-*

*mitglieder. Die Witwe Gerlinde Cordes und die drei Kinder Christa Lehner-Cordes (36), Volker (34) und Thomas (28) können sich nicht über die Zukunft der Firma einigen.*

*Unmittelbar nach dem Tode des Vaters übernahm Volker ohne jede Absprache mit seinen Geschwistern »handstreichartig« die Regie in der Software Cor und bezog das Chefbüro. Christa ist in einer großen Steuerberatungsgesellschaft angestellte Betriebswirtin und Wirtschaftsprüferin und will selbst die Nachfolge ihres Vaters in der Firmenleitung antreten. Sie beabsichtigt, gegen Volker, der ihr den Zugang zu den Büroräumen und die Einsicht in die Geschäftsunterlagen verweigert, durch ein einstweiliges Verfügungsverfahren, unter anderem auch auf Unterlassung, gerichtlich vorzugehen, hat aber von der Möglichkeit der Mediation gehört und ruft deshalb eine Mediatorin an. Thomas lebt in Chile. Er bleibt derzeit hier in Deutschland, um seine Erbangelegenheit zu regeln. Gelingt das nicht, wird er sich einen Anwalt nehmen. Die persönlichen Hintergründe des Konfliktes sehen so aus:*

*Die Mutter Gerlinde hat großes Interesse am Fortbestand der Software Cor, um so das Andenken an ihren verstorbenen Mann zu bewahren, obwohl sie von der prekären Finanzsituation weiß. Software Cor soll unter keinen Umständen verkauft werden. Sie möchte keine Rolle in der Weiterführung des Betriebes spielen und sieht es gern, wenn Volker die Unternehmensleitung übernimmt. Sie sieht darin die große Chance, dass er mit der Übernahme von Verantwortung endlich seine Unzuverlässigkeit und seine Alkoholprobleme in den Griff bekommt, um dann vielleicht auch eine Frau zu finden. Alle drei Kinder sollen derzeit auf die Auszahlung des Pflichterbteils verzichten.*

*Der Sohn Volker hat 16 Semester Betriebswirtschaftslehre studiert, das Studium jedoch erfolglos abgebrochen. Anschließend war er als freier Handelsvertreter für Elektrozahnbürsten tätig. Diese Tätigkeit hat er nach etwa einem Jahr wegen des hohen zeitlichen Aufwands und geringen Umsatzes eingestellt. Die letzten zwei Jahre war er Assistent der Geschäftsführung in der Software Cor. Er möchte die Firmenleitung unbedingt offiziell übernehmen.*

*Er fühlt sich hierfür absolut qualifiziert, er erhofft berufliche Anerkennung und die Möglichkeit, seine marode Finanzlage zu sanieren. Er weiß, dass auch Christa vorhat, in die Fußstapfen des Vaters zu treten, ist sich aber sicher, dass das weder die Mutter noch der Chefprogrammierer Hornbach für eine gute Idee halten. Mit Hornbach fühlt er sich verbunden, weil dieser ähnliche Geschäftsideen hat wie er. Volker trinkt gerne mal einen über den Durst. Es wurde schon behauptet, er sei Alkoholiker. Er sagt aber, er habe sich unter Kontrolle.*

*Die Tochter Christa ist Mutter von zwei Kindern im Alter von sieben und vier Jahren und mit einem Künstler verheiratet, dem der große Durchbruch bisher versagt blieb und der zu Hause die Kinder versorgt. Sie arbeitet als Wirtschaftsprüferin in einer Sozietät und möchte die Nachfolge ihres Vaters antreten, obwohl sie von der ablehnenden Haltung des Chefprogrammierers Hornbach weiß und damit rechnen muss, dass er auch die übrigen Mitarbeiter gegen sie aufbringt. Sie möchte ihrer Mutter beweisen, dass sie die kompetenteste Person für die Übernahme der Unternehmensleitung ist. Sie kennt die modernsten Managementtheorien und ist sich sicher zu wissen, wie ein erfolgreiches Marketing für das langfristige Überleben von Software Cor auszusehen hätte. Von ihrem Bruder Volker hält sie nicht viel, weil er sein Studium abgebrochen habe, zu viel trinke und keinerlei Kenntnisse und Gespür für moderne Unternehmensführung habe. Über Volkers Verhalten nach dem Tode des Vaters ist sie empört und sie fordert den Zutritt zum Büro und Einsicht in alle Geschäftsunterlagen.*

*Der Sohn Thomas lebt seit fünf Jahren in Chile. Er sieht sich selbst als Aussteiger und hat sich am Aufbau eines alternativen landwirtschaftlichen Projekts beteiligt, in das er sein Erbe einbringen will. Wer das Unternehmen künftig führen wird, ist ihm egal. Am liebsten wäre ihm der sofortige Verkauf der Software Cor und die Auszahlung seines Erbes. Er will schnell und möglichst viel Geld.*

*Der Programmierer Michael Hornbach ist bei Software Cor ein Mann der ersten Stunde. Er hat sich im Laufe der Jahre durch stän-*

*dige Weiterqualifizierungen nach oben gearbeitet, Bruno Cordes betrachtete ihn als »seine rechte Hand«. Er hat großes Interesse am Weiterbestehen der Software Cor, für deren Mitarbeiter er nicht zuletzt auch wegen seiner fachlichen Kompetenz zu einer Vertrauensperson wurde. Außerdem wird es für ihn schwierig, in seinem Alter eine adäquate andere Beschäftigung zu finden. Er weiß von den Alkoholproblemen Volkers und auch davon, dass Frau Gerlinde Cordes Volker gern auf dem Chefsessel sehen möchte. Er selbst hält Volker für ungeeignet. Christa hält er zwar für theoretisch qualifiziert, aber eine Frau auf dem Chefsessel der Software Cor kann er sich eher nicht vorstellen. Er will deshalb alles tun, damit die Familie Cordes einen externen Geschäftsführer einstellt.*

# Die Phase 1:
## Vorbereitung, Einführung und Auftragserteilung

Was wird eine Mediatorin tun, die, von Christa Lehner-Cordes telefonisch gebeten, mediieren soll? Sie wird zunächst die drei wesentlichen Felder beachten, die die Phase 1 (ebenso wie die Phasen 2 bis 6) kennzeichnen: den Inhalt, die Methoden/Techniken und die übergeordneten Ziele.

1. *Inhaltlich* geht es in der Phase 1, also der Vorbereitung, Einführung und Auftragserteilung, insbesondere um

- die Eröffnung von Gesprächsmöglichkeiten
- die Analyse der Sachlage als erster Überblick und des Konfliktstandes (vollzieht der Mediator für sich)
- die Prüfung der Mediationstauglichkeit des Konfliktes
- die Information über Mediation
- die Einigung auf Teilnehmer; Eindrücke
- die Organisation des Verfahrens
- die Verfahrensregeln
- die Rolle des Mediators
- die Auftragsklärung/den Mediationsvertrag

2. Methodisch hilfreich sind insbesondere

- Gespräche mit den möglichen Teilnehmern (in der Gruppe oder persönliche oder telefonische Einzelgespräche)
- Recherchen
- eventuelles Vortreffen der gesamten Mediationsrunde
- Darstellung, Diskussion, Reflexion

3. Das übergeordnete Ziel ist, Grundlagen zu schaffen für ein kooperatives Miteinander.

In der Praxis haben diese drei Felder keine Reihenfolge der Bearbeitung oder Beachtung, etwa wie Themen in einer bestimmten Reihenfolge verhandelt werden können. Sie sind sozusagen ein Eins-Sein. Die Unterscheidung nach 1., 2. und 3. soll die innere Dynamik jedes einzelnen Feldes deutlich machen. Die Felder geben den einzelnen Verfahrensschritten ein je eigenes Gesicht. So können wir (Verfahrens-)Schritt für (Verfahrens-)Schritt in der Bereinigung des Konflikts (in den Grenzen unserer Vernunft) vorwärts kommen, auch wenn sich Widerstände zeigen, und gewonnene Einsichten und Aussichten praktisch umsetzen, um letztlich die Konfliktlösung zu erreichen.

Die Mediatorin wird als Erstes das Terrain für gemeinsame Gespräche und Verhandlungen *vor-bereiten*. Dazu gehört, dass sie zunächst Informationen selbst aufnimmt. Sie versucht die derzeitige Sachlage zu sondieren und festzustellen, wer am Konflikt beteiligt ist und wie ganz allgemein der derzeitige Konfliktstatus aussieht, ohne ihre Allparteilichkeit zu gefährden. Fängt Christa gleich beim ersten Anruf damit an, gegen ihren Bruder Volker zu polemisieren, wird die Mediatorin sich etwa so verhalten:

»Ich bitte Sie um Verständnis, Frau Lehner-Cordes, dass ich jetzt noch nicht in persönliche Einzelheiten und Probleme gehen möchte, die Sie bewegen und von denen Sie, so verstehe ich Ihren Anruf, auch Entlastung haben wollen. Dass Sie Ihre persönliche Sichtweise schildern können, ist für diese Entlastung ganz wichtig, und Sie werden in der Mediation immer wieder dazu Gelegenheit haben. Nur: Jetzt ist es dafür noch zu früh. Das ist gerade eine der Chancen der Mediation, dass jeder Teilnehmer im Beisein aller anderen aus seiner Sicht die ganze Konfliktsituation und ihre Hintergründe darstellen kann. Deshalb muss ich im Vorfeld alles vermeiden, was eine Entlastung vom Konflikt erschweren könnte. Wenn mich zum Beispiel Ihr Bruder fragt, was seine Schwester schon alles erzählt hat, muss ich ihm natürlich wahrheitsgemäß antworten. Es könnte sein, dass er dann sagt oder denkt, aha, die Mediatorin ist schon voreingenommen, und er lehnt das ganze Verfahren ab. Oft ist es hilfreich, sich in das Denken des anderen einzufühlen. Stellen Sie sich vor, Ihr Bruder ruft an und würde mir seine Sicht schildern, wie würden Sie reagieren, wenn Sie das später hören? Aber jetzt rufen ja Sie an, damit etwas gut wird, was vielleicht die ganze Familie belastet. Also bitte ich Sie zu verstehen, dass ich jetzt in diesem Stadium erst einmal klären muss, ob der Konflikt überhaupt mediationsgeeignet ist.«

Die Mediatorin verschafft sich deshalb einen ersten Überblick über den bisherigen Verlauf des Konfliktes und eventuelle Lösungsversuche oder Eskalationen. Dabei hat sie immer die Merkmale der Mediation vor ihrem analysierenden Auge (das sie während der ganzen Mediation offen hält), zum Beispiel: »Kann ich allparteilich sein?«, und wird bereits hier erste Eindrücke über Probleme auf der Beziehungs- und der Sachebene erhalten.

Sie sieht keinen Grund, der einer Mediation entgegenstehen würde, und versucht deshalb etwas über die Bereitschaft der Personen, die sie gerne am Mediationstisch hätte, zu erfahren.

Mediatorin: »Was meinen Sie, wie sieht es denn mit Ihrem Bruder Volker aus, haben Sie schon mit ihm gesprochen?«

Christa: »Mit dem rede ich zurzeit kein Wort.«

Mediatorin: »Da wären die Vorteile der Mediation schon interessant. Im Einzelnen ist die Mediation

- beziehungs- und imageschonend,
- vertraulich, das heißt, die Teilnehmer sind, auch wenn kein Zeugnisverweigerungsrecht bei Gericht besteht, zur Verschwiegenheit verpflichtet. Nur mit dem Einverständnis aller dürfen Informationen an Außenstehende weitergegeben werden. Diese Vertraulichkeit gilt auch für mich. Und vor allem: Die Mediation hat die Chance zur
- allseitigen Win-Win-Lösung. Sie ist auch
- kostengünstig und, was auch nicht unwichtig ist, sie kann
- kurzfristig zustande kommen und ist viel schneller als ein Gerichtsverfahren, das manchmal Monate oder Jahre dauert.

Auch das oft sehr schnelle einstweilige Verfügungsverfahren braucht eine schriftliche Vorbereitung und geht nach Erlass der einstweiligen Verfügung meist weiter. Also, soweit ich das bisher sehe, bietet das Mediationsverfahren schon eine gute Hardware für die Software Cor.«

Christa: »Bei meiner Mutter gibt es kein Problem, obwohl die sehr einseitig für meinen Bruder Volker ist. Sie will das gerne mal versuchen.«

Mediatorin: »Und Ihr zweiter Bruder, Thomas, was meint der?«

Christa: »Der lebt in Chile. Er bleibt jetzt extra da, um sich sein Erbe zu sichern. Wenn nichts auseinander geht, nimmt er sich einen Anwalt und fährt wieder rüber.«

Mediatorin: »Na ja, schauen wir mal zuerst, ob was zusammengeht. Wenn Sie wollen, geben Sie mir bitte die Telefonnummern, unter denen ich Ihre Mutter und Ihre Brüder erreichen kann. Ich werde sie darüber informieren, dass Sie bei mir angerufen haben, und versuchen, dass zuerst einmal die Familie zusammenkommt, weil es bei aller Eile wegen des Auftrags doch auch sehr stark um familiäre Beziehungsfragen geht. Und die zu klären, ist wichtig, dass die Familie in Sachfragen, zum Beispiel der Auftragsannahme, vorankommt. Über eine eventuelle Beiziehung des Chefprogrammierers Hornbach kann je nachdem, wie sich das Ganze entwickelt, kurzfristig von Ihnen allen entschieden werden. Wichtig erscheint mir ein schnellstmöglich erster Termin.«

Die Mediatorin macht Christa Lehner-Cordes einen Terminvorschlag für eine Mediation in ihrem Büro. Sie bietet auch Ausweichtermine an. Bei den Telefonaten mit der Mutter und den beiden Brüdern, die zur Vereinbarung einer ersten Sitzung führen, erkennt die Mediatorin in einer ersten Konfliktdiagnose, die sich in den Bearbeitungsphasen ändern kann, »mitschwingende« Konfliktfaktoren.

Im Bewusstsein der bisherigen Konfliktanalyse erwartet der Mediator die Familie Cordes zur ersten Sitzung. Er wird darauf achten, dass sich insbesondere Christa und Volker nicht Auge in

Auge gegenübersitzen. So heilsam der direkte Augenkontakt im Verzeihen, Versöhnen, im »Sich-wieder-in-die-Augen-schauen-Können« ist: Am Anfang ist das noch nicht gegeben. Noch sind die Experten unsicher, befangen, aggressiv, auch neugierig oder erleichtert darüber, dass etwas passiert: Die *praktizierenden* Experten sind sie noch nicht. Deshalb ist die *Einführung* auch für den Mediator selbst von großer Bedeutung.

So einladend ein freundliches Ambiente, eine gute Atmosphäre ist, die wohl nur wenige mit esoterischen Duftkerzen oder einer juristischen Bücherwand gleichsetzen: Ein Mediator, der in der Phase 1 »schlampt«, macht sich selbst seine Arbeit schwer. Was er jetzt nicht durch Informationen aufbereitet, ist den Teilnehmern in den Sitzungen der speziellen Konfliktbearbeitung neu und schwerer zugänglich. Wer weiß, worum es in der Mediation geht, welche Möglichkeiten er hat, geht selbstsicherer mit sich und anderen um. Je intensiver Sie diese Möglichkeiten verinnerlichen, desto hilfreicher ist das in der ab Phase 2 konkret beginnenden Konfliktbearbeitung, die sich stark auf den je Einzelnen konzentriert.

Der Mediator bespricht mit Frau Cordes, Christa, Volker und Thomas das Wesentliche der Mediation. Er informiert zum Beispiel über deren Merkmale und über das Harvard-Konzept und den Transformationsansatz (manche Mediatoren verzichten auf die Benennung dieser Ansätze) und darüber, dass die Familie die Möglichkeit hat, nicht nur ein Zimmer, sondern das ganze Konfliktgebäude in sechs Phasen zu entrümpeln und in einen Neubau zu verwandeln. Auf seine Informationen weist er in einem Mediationsvertrag hin (in Österreich und vereinzelt in Deutschland »Mediationsvereinbarung«), den er am Ende der Phase 1 mit der Familie Cordes schließt und der auch beinhaltet, dass für die Begehung des Konfliktgebäudes quasi eine Hausordnung gilt. Das Ergebnis wird in der Phase 6 in einer Mediationsvereinbarung dokumentiert (in Österreich und vereinzelt in Deutschland »Mediationsvertrag«).

Im Erläutern der Merkmale (zum Beispiel der Allparteilichkeit, der Eigenverantwortlichkeit) und des Sechs-Phasen-Modells wird deutlich, dass der Ablauf einer Mediation nichts mit juristischen Regeln und Gesetzmäßigkeiten zu tun hat. Sie will eher unkonventionell ihr Ziel erreichen. Damit nun nicht alles dem »Spiel der freien Kräfte« überlassen bleibt, strukturiert und garantiert der Mediator bestimmte Spielregeln des Verhandelns und Diskutierens:

Mediator: »Sie, Frau Cordes, und Sie, Christa, Volker und Thomas, kommen alle ausreichend zu Wort. Am meisten kommt dabei ›rüber‹, wenn Sie sich gegenseitig aussprechen lassen. Alles, was in der Mediation gesprochen wird, ist vertraulich. Beleidigungen sind nicht gefragt. Es kann sich als not-wendig erweisen, in den Phasen 2 und 3 hin- und herzuwechseln, also wenn es um die Informations- und Themensammlung – Phase 2! – und die Interessenklärung – Phase 3! – geht. Einzelgespräche zwischen mir und jedem von Ihnen sind mit Ihrer aller Zustimmung in jeder Phase möglich. Wichtig ist dabei, vorher festzulegen, wie mit den vertraulichen Informationen umgegangen werden soll. Und es ist sinnvoll, schon jetzt Klarheit zu schaffen, nach welchen objektiven Bewertungs- und Auswahlkriterien Sie in der Phase 5 sozusagen die Früchte Ihrer Arbeit einsammeln. Es geht darum, dass Sie nicht plötzlich in eine Art ›Bewertungskuhhandel‹ verfallen müssen, nachdem Sie für alle interessante Lösungsmöglichkeiten gefunden haben. Einfach ist diese Klärung nicht. Es macht auch Sinn, wenn Sie sich statt objektiver Kriterien auf gemeinsame Kriterien einigen.

Wichtig ist, dass die Auswahl und die Bewertung frei von jedem gegenseitigem Druck zustande kommen. Was halten Sie vom Kriterium der Fairness? Ein gutes Beispiel ist die Methode, wie Kinder einen Kuchen fair teilen. Ein Kind zerteilt den Kuchen, das andere wählt aus. Da kann keines sagen, die Lösung sei unfair. Auch Gerechtigkeit, Gleichheit kommen als Kriterien in Frage, ebenso Effizienz oder die Vernunft, gekoppelt an Erfahrungswerte oder wissenschaftlich gesicherte Standards. Nochmals: Wenn Sie in der Phase 4 Lösungsmöglichkeiten gefunden haben, ist es gut, in der Phase 5 nicht ein neues Fass für Bewertungsmaßstäbe aufmachen zu müssen.«

Der Mediator erläutert einzelne Kriterien. Bei der Gerechtigkeit fragt Christa nach.

Mediator: »Das ist ein ganz wichtiger Punkt, die Gerechtigkeit. Ihre Bedeutung sowohl für die Entstehung eines Konflikts wie für seine Lösung wurde bisher weder in der Mediationsliteratur[37] noch in der Mediationspraxis voll erfasst. Konflikte kochen oft erst richtig hoch, wenn jemand etwas als ungerecht empfindet oder erlebt. Geht es da um eine den Gesetzbüchern oder Gerichtsurteilen entsprechende Gerechtigkeit? Rechtsansprüche sind das eine, aber darüber hinaus gibt es ein persönliches, subjektives Rechtsgefühl, das nicht justiziabel ist. Wie oft ist jemand, seien es Eheleute, Geschwister, Geschäftspartner, empört über ein bestimmtes Handeln oder Verhalten eines anderen, der wiederum sein Verhalten als absolut recht und billig empfindet?

Wenn nicht ans Licht kommt, was jeder als gerecht oder ungerecht empfindet – insbesondere in den Phasen 2 und 3 können Sie das vor allen sagen –, dann ist der Konflikt im Letzten nicht zu verstehen und wohl kaum nachhaltig zu bereinigen. Da wir ein Rechtsempfinden haben, muss es so etwas wie Prinzipien der Gerechtigkeit geben, damit dieses Rechtsempfinden nicht reiner Subjektivismus und damit auch Beliebigkeit oder Willkür bleibt. In der Gesellschaft allgemein werden die sozialen Verhältnisse als gerecht angesehen, wenn die Einzelnen das bekommen können, was ihnen gebührt aufgrund dessen,

- wer sie sind und/oder
- was sie getan haben,
- was sie vereinbart haben, zum Beispiel in nicht ausdrücklichen, ›mitgemeinten‹ oder in ausdrücklichen Verträgen.

Im sozialen Austausch zwischen einzelnen Personen, aber auch Gruppen oder ganzen sozialen Systemen gilt die Ausgewogenheit als Merkmal der Gerechtigkeit. Ausgewogen sein meint, dass das Verhältnis zwischen dem, was gegeben, geleistet oder eingebracht wird, und dem, was empfangen wird, zumindest ähnlich gewichtet oder gleich sein soll. Die Gleichheit sehen dabei viele als Kernidee der Gerechtigkeit.«[38]

Thomas bezweifelt, ob das alles im praktischen Leben so geht und so stimmt. Er mache da in Südamerika ganz andere Erfahrungen.

Mediator: »Ich verstehe Ihre Bedenken, weil Sie, wenn ich das richtig sehe, seit Jahren tagaus, tagein Daseinsbedingungen erleben, in denen zum Beispiel eine Gesundheitsfürsorge oder Bildungschancen, wie sie hier gegeben seien, für den Großteil der Bevölkerung nicht existieren.«

Volker interveniert gegen die Lebensführung von Thomas. Christa wendet sich sofort gegen Volker. Der Mediator spricht die Phase 3 an, in der reichlich Gelegenheit sei, die Interessen, Bedürfnisse, Wünsche, die für Thomas ausschlaggebend sind, genauso zu klären wie die, die für Frau Cordes, Christa und Volker wichtig sind. Letztlich sind alle mit den vorgeschlagenen Auswahl- und Bewertungskriterien einverstanden.

Mediator: »Und auf eines möchte ich noch besonders aufmerksam machen: dass Sie, jeder in der Familie, beim Aushandeln einer Konfliktregelung oder -lösung die drei Grundmuster bedenken, nach denen wir Menschen generell unser Verhandeln orientieren. Wir verhandeln

- machtorientiert,
- rechtsorientiert oder
- interessenorientiert.

Machtorientiertes Verhandeln heißt, es geht hauptsächlich darum, wer sich aufgrund der größeren Machtressourcen, also Machtreserven, durchsetzt.

Das rechtsorientierte Verhandeln zielt darauf festzustellen, wer mit dem Recht konform ist. Aber reicht das aus für eine Konfliktlösung? Je enger wir sozial miteinander verbunden sind, desto weniger beantworten Gesetze und Gerichte die dem Konflikt wirklich zugrunde liegenden Fragen. Der Jurist Blankenburg hat das so ausgedrückt: ›Vertrauen lässt sich nicht gerichtlich einklagen, Arbeitsmotivation nicht tarifvertraglich sichern und liebevolle Zuwendung nicht durch Ehevertrag gewährleisten.‹ Und das heißt auch:

Wenn ich mich beim Verhandeln zu sehr am Recht orientiere, das ich nicht ganz vergessen kann oder soll, dann wird der Konflikt oft nur auf die Rechtslage reduziert, die sozialen und individuellen Beziehungsaspekte kommen zu kurz und auch viele Interessen bleiben vernachlässigt. Recht macht den Konflikt oft zum Nullsummenspiel: Was der eine bekommt, zum Beispiel 1 000 €, muss der andere bezahlen, also der Gewinn des einen beinhaltet den Verlust des anderen. Wie beim Schach: Einer verliert eine Figur, ohne an anderer Stelle einen Vorteil davon zu haben. Also: von Win-Win keine Rede. Und: Das Recht versucht häufig nur die Vergangenheit aufzuarbeiten. Wenn der Mord, die letzte Eskalationsstufe eines Konfliktes, passiert ist, werden Polizei, Staatsanwalt, Rechtsanwalt und Richter tätig. Wenn die Ehe kaputt ist, treten Scheidungsanwalt und Familiengericht auf den Plan. Wenn der Krug zerbrochen ist, soll er mehr oder minder gekittet werden. Die Zukunft wird dabei nicht wirklich mitgestaltet, oft bleibt eine Gegnerschaft übrig.

Das heißt jetzt aber nicht, dass das Recht ausnahmslos die Zukunft ignoriert. Es gibt gesellschaftliche Prozesse und Entwicklungen – nehmen Sie zum Beispiel die Frage, ob bei einer Ehescheidung das Verschuldens- oder das Zerrüttungsprinzip gelten soll –, da wird ohne Gesetze oder gerichtliche Entscheidungen nichts verlässlich vorangetrieben. Und als Ordnungsprinzip ist Recht unentbehrlich. Wenn Sie 50 € in der Tasche haben und ich habe eine Pistole und hole mir Ihre 50 € ab, dann werden Sie mit Recht fragen, ist da niemand, der mich bestraft? Und wenn Sie zum Beispiel eine Firma gründen und gute Gesellschaftsverträge brauchen, sind Sie mit Recht froh um einen erfahrenen Juristen.

Nur: Wenn es um *interpersonelle Konflikte* geht, reicht das Recht nicht aus. Natürlich gibt es Juristen, die um Ausgleich bemüht sind, allerdings sehen sie sich einer Berufslogik gegenüber, die eine allparteiliche Interessenklärung und damit auch eine Klärung der Beziehungsebene der Beteiligten in den Grundhaltungen und Techniken der Mediation gar nicht vorsieht und viele einwand-freie kreative Lösungsmöglichkeiten nicht nutzt. Sie ist am Rechtsnormdenken orientiert. Jura ist nicht beziehungsschonend, Jura polarisiert, auch durch Zeugenaussagen. Auch manche Fertigmacher-Mentalitäten machen sich fertig zur Attacke. Juristen, die mit der Mediation arbeiten, sind auf einem die Konfliktparteien entlastenden Weg. Die Frage ist, ob sie mit ihrer Berufslogik die Vollkraft der Mediation erreichen. Das ist kein Vorwurf, es ist eine Frage ihrer juristischen Sozialisation.«

Volker: »Und was kostet die Mediation?«

Mediator. »Das geht nach Stundenhonorar oder Tagessätzen. In der Mediation gibt es keinen Streitwert wie bei Jura, dessen Feststellung in sich oft schon konfliktträchtig ist.«

Der Mediator bespricht nun mit der Familie Einzelheiten der Honorarfrage und damit auch die Häufigkeit und Dauer von Mediationssitzungen, wobei er den Zeitdruck wegen des CENA-Vertrages berücksichtigt.

Generell gilt: Praxisbewährt ist es, zunächst ca. fünf Mediationssitzungen mit maximal drei Stunden für eine Sitzung vorzusehen und mehrere Tage Abstand zwischen die Sitzungen einzuplanen. Die Stundenhonorare mögen auf den ersten Blick nominal hoch erscheinen: Üblich sind Anfang des Jahres 2002 je nach Einzelfall 150 € bis 450 € oder frei vereinbare Tagespauschalen. Im Vergleich zu gerichtlichen Auseinandersetzungen (im Beispiel Cordes: einstweiliges Verfügungsverfahren mit anschließendem Hauptverfahren und eventuelle Zeugen- und Gutachtergebühren sowie mehrfache Gerichts- und Anwaltskosten für Christa, Volker und Thomas) liegen die Vorteile, auch von der Zeit- und Nervenersparnis her, trotzdem in fast allen Fällen aufseiten der Mediation. Dies wird umso deutlicher, je höher der gerichtliche Streitwert ist.

Eine Einigung über das Honorar wird in einer Honorarvereinbarung mit den Teilnehmern festgehalten (in Schulmediationen mit dem Schulreferat, in unternehmensinternen Wirtschaftsmediationen zum Beispiel mit dem Firmeninhaber oder der Geschäftsführung). Die Unterzeichnung des Mediationsvertrages (im Folgenden als fallkonkreter Vorschlag) und der Honorarvereinbarung (im Folgenden als Muster) erfolgt vor der in Phase 2 beginnenden speziellen Konfliktbearbeitung. In konkreten Einzelfällen können sowohl beim Mediationsvertrag als auch bei der Honorarvereinbarung spezielle Passagen nicht notwendig oder Ergänzungen notwendig sein. Das Honorar im Mediationsvertrag zu vereinbaren ist ebenfalls möglich.

**Mediationsvertrag**

zwischen

Frau Gerlinde Cordes, (Adresse)
Frau Christa Lehner-Cordes, (Adresse)
Herrn Volker Cordes, (Adresse)
Herrn Thomas Cordes, (Adresse)
– Teilnehmer –

und

..........
– Mediator/in –

Die Vertragsparteien sind darüber einig, dass eine Mediation durchgeführt werden soll.

1.

Mediation heißt Vermittlung. In einem freiwilligen Verfahren erarbeiten alle an einem ergebnisoffenen Konflikt beteiligten Parteien durch die vermittelnde Unterstützung eines externen, allparteilichen Dritten, des Mediators, eine eigenverantwortliche, für die Zukunft tragfähige außergerichtliche, fall- und problemspezifische Konfliktlösung oder -regelung zum Vorteil aller Konfliktbeteiligten. Der Mediator hat keine Entscheidungsbefugnis. Entscheidungsbefugte Experten in der Sache, um die es geht, bleiben die Teilnehmer.

2.

Der Mediator informierte die Teilnehmer über die in Ziffer 1 genannten Merkmale der Mediation und deren Leitbilder (Harvard-Konzept und Transformationsansatz) ebenso wie über den Ablauf eines Mediationsverfahrens in sechs Phasen und seine Rolle als Klärungshelfer, der das Verfahren steuert.

3.

Die Teilnehmer vereinbaren, im Rahmen der Mediation zügig und ernsthaft gemäß den besprochenen Spielregeln (zum Beispiel Unterlassung von persönlichen Beleidigungen oder ausreden lassen) an einer gemeinsamen Konfliktlösung beziehungsweise Konfliktregelung zu arbeiten. Sie vereinbaren die Einhaltung der Auswahl- und Bewertungskriterien Fairness, Gerechtigkeit, Gleichheit, Effizienz und Vernunft. Sie erklären, dass auch von ihnen beauftragte Vertreter zum Abschluss einer Mediationsvereinbarung berechtigt sind. Sie können von Rechtsanwälten oder anderen Personen ihres Vertrauens begleitet werden. Jeder Teilnehmer ist allein und ausschließlich verantwortlich für alle Gebühren und sonstigen Aufwendungen, die durch die Beauftragung von Vertretern, zusätzlichen Beratern oder Sachverständigen entstehen. Einzelgespräche mit dem Mediator sind nach gemeinsamer Vereinbarung möglich.

4.

Die Teilnehmer verpflichten sich, gerichtliche Schritte während der Mediation nur zur Fristwahrung zu unternehmen und dies allen Beteiligten und dem Mediator unverzüglich mitzuteilen. Für jedes bereits anhängige Verfahren, ob bei Gericht oder einer sonstigen staatlichen Stelle, gilt: Die Teilnehmer beantragen eine Unterbrechung dieser Verfahren bis zum Abschluss der Mediation.

5.

Der Mediator enthält sich jeglicher Stellungnahme zu Rechtsfragen und ist nicht verantwortlich für rechtliche Belange, zum Beispiel Einhaltung von Fristen etc. Für den Inhalt der Mediationsvereinbarung übernimmt der Mediator keinerlei rechtliche oder sonst wie geartete Haftung (jeder Teilnehmer entscheidet eigenverantwortlich). Die Teilnehmer sind berechtigt, die Machbarkeit der Vereinbarung (organisatorisch, unternehmerisch, wirtschaftlich, finanziell, technisch, ökologisch, juristisch etc.) außerhalb der Mediation überprüfen zu lassen.

6.

Die erforderlichen Sitzungen finden nach terminlicher Absprache unter Leitung des Mediators in ... statt. Für eine Sitzung sind maximal drei Stunden vorgesehen. Sollte nach fünf Sitzungen keine Lösung oder Regelung des Konflikts erreicht worden sein, findet ein gemeinsames Gespräch zwischen dem Mediator und den Teilnehmern über die Fortführung beziehungsweise Beendigung des Mediationsverfahrens statt. Sollte vorher eine Mediationsvereinbarung zustande kommen, endet das Verfahren mit dieser Vereinbarung. Der Mediator kann das Verfahren jederzeit beenden, wenn nach seiner Beurteilung der Konflikt nicht oder nicht mehr mediationsfähig ist oder wenn sich kein Fortschritt bei der Bearbeitung des Konflikts abzeichnet. Ebenso kann jeder Teilnehmer jederzeit freiwillig aus dem Verfahren ausscheiden.

7.

Der Inhalt der Mediationsgespräche ist vertraulich. Die Teilnehmer verpflichten sich, den Mediator im Falle einer gerichtlichen Auseinandersetzung nicht als Zeugen zu benennen. Die Frage eines gerichtlichen Zeugnisverweigerungsrechts bleibt bestehen.

Ort, Datum

Gerlinde Cordes Volker Cordes Christa Lehner-Cordes

Thomas Cordes Mediator

**Honorarvereinbarung**

zwischen

..........
..........
..........
– Teilnehmer –

und

..........
– Mediator/in –

1.

Das Honorar des Mediators beträgt je Sitzungsstunde (= 60 Minuten) ... € zzgl. gesetzlicher MwSt. Angebrochene Stunden werden anteilig vergütet. Vorbereitende Tätigkeiten (zum Beispiel die Sichtung von Akten, Unterlagen etc. zur Prüfung der Mediationstauglichkeit des Konflikts) kann der Mediator gemäß dem Stundensatz berechnen. Dokumentiert der Mediator die von den Parteien erarbeitete Regelung oder Lösung außerhalb der Mediationssitzungen als Mediationsvereinbarung, wird seine Tätigkeit ebenfalls nach dem Stundensatz honoriert. Dies gilt auch für eventuelle Termine zur Erfolgskontrolle.

2.

Der Mediator ist berechtigt, für Termine, die nicht mindestens 24 Stunden vorher abgesagt werden, zwei Stundenhonorare zzgl. MwSt. in Rechnung zu stellen. Bei nicht rechtzeitigem Sitzungsbeginn, den der Mediator nicht zu vertreten hat, besteht für ihn eine zu vergütende Wartepflicht von höchstens 45 Minuten. Fahrtkosten zzgl. MwSt. werden dem Mediator nachweisüblich erstattet. Bei Fahrten über 100 Kilometer erhält er ein Tage- und Abwesenheitsgeld von ... €, bei mehr als 500 Kilometer von ... €, jeweils zzgl. gesetzlicher MwSt.

3.

Das Honorar sowie die entsprechenden Fahrtkosten und Tage- und Abwesenheitsgelder werden nach jedem Sitzungstermin fällig. Die Bezahlung übernimmt ...

Ort, Datum

Unterschrift Unterschrift Unterschrift

# Die Phase 2:
## Die Informations- und Themensammlung

Jetzt, ab der Phase 2, beginnt die konkrete Arbeit am Konflikt. Viele Konfliktbeteiligte scheitern häufig an Informationsdefiziten und – damit zusammenhängend – an Missverständnissen oder packen heiße Eisen so an, dass sie sich die Finger verbrennen. Zurück bleiben oft nur Schutt und Asche. Das muss nicht sein. Es gehört zu den wesentlichen Aufgaben des Mediators, dazu beizutragen, dass zum Beispiel Frau Cordes und Christa, Volker und Thomas mehr voneinander erfahren. Die Phase 2 der Informations- und Themensammlung hat, aufbauend auf der bisherigen Konfliktanalyse der Phase 1,

1. in erster Linie zum *Inhalt,*

- die Sichtweise der Teilnehmer zu klären,
- Transparenz durch eine Bestandsaufnahme und einen Informationsausgleich zu schaffen,
- bisherige und anstehende Planungen und Entscheidungen offen zu legen,
- Respekt, Achtung, Vertrauen (wieder-)herzustellen,
- für die Bearbeitung relevante Themen gemeinsam zu identifizieren und aufzulisten,
- Positionen in Themen umzuformulieren.

Bei der Informationssammlung werden auch Positionen, Themen und Interessen deutlich. Die Unterscheidungen zwischen Position, Thema (beide werden in Phase 2 geklärt) und Interesse (Klärung in der »geistesverwandten« Phase 3) fördern sowohl die Selbsterkenntnis als auch das bessere Verständnis des anderen.

Die *Position* zeigt sich sehr oft als Ablehnung des anderen oder als eigene Anspruchshaltung gegenüber einem anderen, als forderndes »Ich will«, »Ich möchte«. Position in der Mediation heißt, ich beziehe Posten, ich nehme, natürlich in unterschiedlicher Intensität, einen unnachgiebigen Standpunkt ein. (»Das Haus gehört mir. Du musst raus. Schluss. Aus. Amen.«) Positionen äußern sich häufig in Sturheiten oder Reizwörtern, die den anderen zur Weißglut reizen können.

Das *Thema* benennt, *worum* es geht, es wird festgelegt, was die Teilnehmer geregelt wissen wollen. Themen bilden ab, was jedem Teilnehmer wichtig ist. Dadurch geben die Teilnehmer dem Konflikt eine gemeinsame Plattform, von der aus sie erste Schritte in Richtung Empathie tun können. Eine Übereinstimmung bei den Themen ist nicht nötig. Der Mediator kann die Themen Personen zuordnen (in Scheidungs- und Trennungsmediationen ist das meist unerlässlich) oder frei in einem »Themenspeicher« notieren. In der Phase 2 ist noch nichts zu regeln oder zu lösen. Es genügt, die Themen

- neutral (sodass der Begriff keine Emotionen weckt),
- positiv,
- verständlich (der Teilnehmer muss sich wieder finden),
- ohne Wiederholung von Positionen,
- lösungsoffen (zum Beispiel »Beteiligungsverhältnisse«)

zu formulieren.

Nehmen wir als Beispiel einen Konflikt aus den »Top Ten« der Konfliktliste:

Sagt zum Beispiel Herr X: »Ich habe es satt, dass jedes Mal, wenn ich nach zehn Uhr Musik höre, die Polizei auftaucht. So was Empfindliches wie Frau Y habe ich noch nie erlebt. Hauptsache, sie kann sich über etwas beklagen. Sie soll sich nicht in meine Angelegenheiten einmischen« (= Position),

und antwortet Frau Y: »Ich habe für meine Wohnung viel Geld bezahlt. Herr X soll gefälligst respektieren, dass ich hier in Ruhe wohnen und nicht bis in die Nacht hinein mit dieser Maschinenmusik traktiert werden möchte. Er nimmt absolut keine Rücksicht« (= Position),

dann wird der Mediator beide Positionen in ein Thema umformulieren, indem er zum Beispiel sagt: »Ich meine, wir haben hier, einmal ganz wörtlich genommen, mit den Spielregeln im Hause zu tun, oder anders gesagt, es geht um die Musik nach zehn Uhr.« Das Thema wäre also beispielsweise »Musik nach zehn Uhr« oder »Umgang miteinander«, eventuell auch, wenn es in der Situation entspannender sein kann, »Eine kleine Nachtmusik«. Je weiter ich von den Positionen weg bin, umso weniger brauche ich einen Gutachter, hier zum Beispiel über die Phonzahl in Dezibel, wie überhaupt die Mediation grundsätzlich ohne Gutachter auskommt. Dringend notwendig dagegen ist die Feststellung der *Interessen*.

Die Unterschiede von Position, Thema und Interesse lassen sich an einem zwischenzeitlich »berühmten«, für manche eher theorieberüchtigten, dennoch anschaulichen Beispiel deutlich machen: Zwei Schwestern streiten sich um eine Orange. Jede möchte sie für sich ganz, keine denkt daran, nachzugeben. In einer Entscheidung durch einen außen stehenden Dritten – die in der Mediation niemals geschieht, in ihr bleiben die Schwestern die entscheidungsbefugten und -kompetenten Experten – sähe das Ergebnis vielleicht so aus: Entweder erhält eine Schwester die Orange und die andere geht leer aus oder beide sollen die Orange in der Mitte teilen und jede erhält eine Hälfte.

Die *Position* beider Schwestern ist »Ich will die Orange«, das *Thema,* worum es also geht, was geregelt werden soll, ist »Der Umgang mit der Orange«. Die *Interessen* der Schwestern zeigen sich, wenn klar ist, *warum* für jede die Orange persönlich wichtig ist, *wozu* jede die Orange braucht. Diese Interessenklärung geschieht in der Phase 3.

Da aber ein Mediationsdebütant eher nicht in der Lage sein wird (und es vielleicht auch gar nicht sein will), das, was geregelt werden soll, so thematisch-puristisch auszudrücken, dass Positionen nicht mehr und Interessen noch nicht erscheinen, wird die

Mediatorin die Themen mitformulieren. Und es kann notwendig sein, die Phase 2 und die Phase 3 auch öfter zu wiederholen. Demnach sind diese beiden Phasen kein »Muss nach Vorschrift«, wonach auf die Phase 3 zwingend die Phase 4 zu folgen hätte. Nur wird die Mediatorin, selbst wenn die Konfliktbearbeitung in der Phase 3 (Interessen) die Rückkehr zur Phase 2 (Themen) notwendig macht, auf die Trennung dieser beiden Phasen schon deshalb achten, um nicht den Informationsausgleich in der Phase 2 aufs Spiel zu setzen (»Herr M. weiß offensichtlich nicht, dass ich an dem Projekt täglich fünf Stunden arbeite.« »Das wusste ich tatsächlich nicht, aber Frau N. soll auch wissen, dass ich es war, der ihr die Zeit raubenden Recherchen vom Hals geschafft hat«), mit dem Transparenz und dadurch auch (wieder) Vertrauen geschaffen werden soll.

Wenn jemand »mauert«, weil er zum Beispiel in der Phase 3 der Interessenklärung, die immer auch eine Beziehungsklärung ist (zu sich selbst und zu anderen), Angst hat, dass seine Offenheit missbraucht wird und er sagt: »Meine Erfahrungen, meine Enttäuschungen erlauben es mir nicht, überhaupt noch jemandem zu vertrauen«, wird die Verantwortung und letztlich Schuld anderen zugewiesen.

Vertrauen muss ich zuallererst und vor allem aber mir selbst. Zu diesem Selbstvertrauen gehört vielerlei: Ich muss wissen, was ich will. Ich muss wissen, was ich leisten kann. Ich muss Wunsch und Realität in Einklang bringen. Ich muss, um Wichtiges zu erreichen, auf nicht so Wichtiges verzichten. Und einem anderen vertrauen heißt: mich ohne Angst mitteilen zu können und mir Mitgeteiltes für mich zu behalten. Vertrauen heißt auch, nicht meine Wertmaßstäbe an das Empfinden und Verhalten anderer anzulegen.[39]

Ohne Vertrauen gibt es keine echte menschliche Beziehung. Ein Säugling vertraut auf die Mutterbrust und dass er auch sonst, zum Beispiel in der Körperhygiene oder mit Berührungen, versorgt und umsorgt wird. Ohne die Erwiderung dieses ersten Vertrauens, dieses Urvertrauens, würde er vielleicht sterben oder eine Entwicklung nehmen, die ihn beziehungsunfähig macht. Das heißt, er wäre in seinem Menschsein tief gestört, vielleicht zerstört. Wenn wir »größer« sind, können wir uns diesem Vertrauen entziehen. Wir können es anderen entziehen. Wir sind nicht nur gerufene Freiheit, wir sind auch misstrauende Freiheit. Vertrauen ist die Urform allen Lebens.

Und was ist mit Lenins bekannter Auffassung »Vertrauen ist gut, Kontrolle ist besser«? Sie ist richtig bei Vorgängen und Tatsachen, die Sie wirklich kontrollieren können, zum Beispiel, ob die Schrauben nach einem Reifenwechsel wieder festgezogen sind oder die Herdplatte ausgeschaltet ist. Es gibt aber eine Kontrolle, die Vertrauen zerstört. Dies ist wie mit einer Blume: Wenn ich sie zerlege, um zu überprüfen, wie sie blüht, dann blüht sie schon nicht mehr.[40] Wie wir miteinander umgehen, bleibt eine Frage des Vertrauens.

Sein Selbstverständnis wird es dem Mediator erlauben – je nach Situation vielleicht »erst« in der Phase 3 –, auf solche ethisch allgemein gültige Zusammenhänge aufmerksam zu machen, insbesondere, wenn die Informationen spärlich fließen und so viel Misstrauen besteht, dass sich in der Konfliktbearbeitung kein Fortschritt abzeichnet. Vertrauen zu erreichen ist eine Kunst, eine sozial wertvolle und not-wendige Kunst. Mediation ist aber kein Zauberkunststück, der Mediator kein Zauberkünstler. Die Methoden in der Mediation sind in allen Phasen offen-sichtlich.

2. *Methodisch* helfen in den Verfahrensschritten 2 und 3 die *Gesprächstechniken* weiter. Zu ihnen gehören unter anderem

- die Fragetechniken,
- das Paraphrasieren,
- das Visualisieren,
- die Ich-Botschaft,
- das Differenzieren,
- das Zusammenfassen,
- der kooperative Diskurs.

Richtige *Fragen* sind immer auch vernunftgemäß gestellte Fragen. Ein afrikanisches Sprichwort sagt: »Der Fragende ist nicht unwissend.« Gemeint ist damit nicht ein Mindestinformationsstand, sondern ein auf der Vernunft basierendes Verständnis in uns, das uns gezielt fragen lässt, um zum Beispiel für die Konfliktbearbeitung bedeutsame Informationen zu sammeln und zu erfahren, welche konkreten Handlungen im Konflikt schon erfolgt sind. Durch richtiges Fragen wird Transparenz möglich, es lassen sich die Sichtweisen der Mediationsteilnehmer und damit auch Konfliktursachen beziehungsweise -faktoren ergründen und von Symptomen unterscheiden. Es können in den Phasen 2 und 3 die Beziehungen zwischen den Teilnehmern, ihre Emotionen und Bedürfnisse geklärt und die Interessen hinter den Positionen erkannt werden. Fragend kann der Mediator das Gelingen der Kommunikation unterstützen. Die Fragetechniken erleichtern oder ermöglichen den Teilnehmern das Feedback als (Wieder-)Eröffnung und Begehung der Kommunikationsbrücke.

Generell, das heißt in jeder Phase des Mediationsverfahrens, resultiert vor allem aus offenen Fragen, also aus solchen, die nicht bloß mit »Ja« oder »Nein« zu beantworten sind, eine »Konfliktbearbeitungsmasse«. Um möglichst vielfältige Aspekte zu erkennen, eignen sich insbesondere die so genannten W-Fragen, zum Beispiel: Wer? Wie? Was? Wo? Wann? Warum? Welche? Woher? Womit? Wozu? Sie helfen Blockaden zu überwinden, die beispielsweise aus einem Misstrauen, aus einer Vorsicht oder aus bloßer Unkenntnis stammen. Effizient ist hier vor allem der Fragen-3-Schritt:

- *Problem* (»Was genau ist das Problem?«),
- *Lösung* als noch allgemeiner Ausblick in die Zukunft (»Was könnten Sie sich idealerweise vorstellen?«),
- *Ressource* (»Was wäre ein Fortschritt?«).

Auch Vergangenheitsfragen (»Was war damals für Sie wichtig?«) können in jeder Phase Blockaden lösen. Und auch ein fragend fortgeführter Perspektivenwechsel kann in jeder Phase der Mediation die Konfliktbereinigung vorwärts bringen, zum Beispiel als Wechsel

- von der Vergangenheit in die Zukunft (»Er ist nicht in der Lage, sich zu organisieren. Noch nie war er pünktlich.« Mediatorin: »Ich sehe, Sie sind es überdrüssig, auf ihn warten zu müssen. Was könnte die Einhaltung der Termine sicherstellen?«),
- von einem individuellen Problem zu einem gemeinsamen (»Dauernd ärgere ich mich über den Müll, den meine Mieter im Hof ablegen. Das letzt Mal konnte ich beinahe nicht mehr aus meiner Garage herausfahren.« Mediatorin: »Sie fühlen sich als Vermieterin nicht respektiert und als Mitbewohnerin des Hauses behindert. Ihre Mieter sollten mehr Rücksichtnahme üben. Wie könnte das erreicht werden?«).

In den geistesverwandten Phasen 2 und 3 bekräftigen insbesondere folgende Fragen[41] die kommunikativen Fähigkeiten der Teilnehmer:

- öffnende Fragen, um den Vermittlungsprozess in Gang zu bringen (»Wie erleben Sie die gegenwärtige Situation?«),
- Informationsfragen, um Fakten und Meinungen festzustellen (»Wie viel Zeit wenden Sie für das Projekt pro Tag auf?«),
- Klärungsfragen, um Generelles zu spezifizieren (»Wie sieht ein konkretes Beispiel für die Ungenauigkeit in seinem Aufgabenbereich aus?«),
- Beurteilungsfragen, um Interessen hinter den Positionen zu klären (»Was ist daran für Sie so interessant?«),
- teilnehmende Fragen, um Eindrücke von Einstellungen und Wünschen zu erhalten (»Was macht Sie bei dieser Konstellation so zuversichtlich?«).

Wenn der Mediator fragt: »Frau Cordes, was erwarten Sie von der Mediation?«, wird Frau Cordes anders als bei einer geschlossenen, also mit »Ja« und »Nein« beantwortbaren Frage zum Beispiel antworten:

»Also, das ist alles ganz schwer für mich nach dem Tod meines Mannes, und wenn jetzt in der Familie auch noch gestritten wird, wo soll das denn hinführen, auch mit der Firma? Vielleicht können Sie uns da weiterhelfen?«

Mediator: »Ich hoffe sehr, dass mir das gelingt, aber eben auf meine Weise, auf die Weise des Mediators, die immer, bei Ihnen, Frau Cordes, genauso wie bei Ihnen, Christa, und Ihnen, Volker, und Ihnen, Thomas, beachtet, dass Sie, jeder für sich, das Instrumentarium *in sich* haben, die hier anstehenden Probleme zu lösen. Bei Ihnen, Frau Cordes, höre ich eine große Sorge um die Zukunft der Familie und der Firma heraus.«

Frau Cordes: »Mein verstorbener Mann hat alles aufgebaut. Ich habe nur am Anfang im Büro mitgeholfen. Die Software Cor ist sein Lebenswerk, sie darf auf keinen Fall verkauft oder leichtfertig aufs Spiel gesetzt werden, weil auch so das Andenken an ihn bewahrt bleiben kann. Ich halte mich aus der Firma raus. Die soll Volker weitermachen und dann ...«

Christa: »Ach ja, du glaubst das zwar nicht, aber dann wird bald das Andenken an Vater bestehen, ohne dass die Firma besteht. Ich glaube, es wäre viel gescheiter, wenn Volker erst mal seine Alkoholprobleme in den Griff bekäme, bevor er auf die Firma zugreift und ...«

Volker: »Jaja, gescheiter, gescheiter. Du bist immer gescheiter, da sieht man es doch wieder. Du redest immer nur was daher. Ich habe keine Probleme mit Alkohol. Das war einmal. Horch lieber zu, was Mutter sagt.«

Mediator: »Dass Sie gleich so engagiert loslegen, lässt zwar auf eine interessante Phase 3 hoffen. Nur: Sie geben mir jetzt Gelegenheit, nochmals an die im Mediationsvertrag vereinbarten Spielregeln zu erinnern, und das heißt auch, dass Sie sich gegenseitig ausreden lassen. Das ist wichtig, weil Sie, wenn die Emotionen jetzt zu beherrschend sind, kaum erfahren können, worum es dem anderen zunächst einmal in der Sache geht. Wir hatten kurz darüber gesprochen, wie im Harvard-Konzept verhandelt wird, da geht es als Erstes darum: Trenne Sache und Person. Für Sie, Frau Cordes, sehe ich bisher zwei Themen. Das eine ist der ›Umgang mit dem ideellen Erbe‹ des Vaters und, damit zusammenhängend, der ›Fortbestand des Unternehmens‹. Wenn Sie einverstanden sind – ja? Gut –, dann werde ich diese beiden Themen jetzt visualisieren.«

Der Mediator schreibt nun die beiden Themen (in Druckschrift und Großbuchstaben wie auch alle noch kommenden Themen) auf zum Beispiel grüne, nicht zu kleine Karten und heftet sie als »Themenspeicher« an eine Pinnwand (Phase 2). Rechts neben den Themen wird er in der Phase 3 die Interessen jedes Einzelnen in einer nur für ihn reservierten Farbe auflisten (auch eine klassische Tafel, ein Flipchart oder Ähnliches sind verwendbar, auf der Pinnwand kann aber bei Bedarf leichter umgehängt beziehungsweise ergänzt werden). Die in der Phase 4 entwickelten Ideen und Optionen notiert er ohne persönliche Zuordnung auf einem Flipchart. Das *Visualisieren* stellt den Teilnehmern die Struktur einer Diskussion und ihre wichtigsten Ergebnisse vor Augen. Modifikationen (unter anderem Vier-Felder-Tafel, Netz) bleiben dem Mediator überlassen.

Die grafische Darstellung des schon Erreichten oder Wesentlichen kann für eine mögliche Einigung der Teilnehmer ähnlich hilfreich sein wie eine einfache, geordnete, kurze und prägnante Sprache. Wenn Sie die Wörter »irgendwie«, »irgendwann«, »irgendwo« aus Ihrem Wortschatz streichen, werden Sie nur eines verlieren: ein Stück Ihrer eigenen Unklarheit.[42] Was ich vor mir sehe, stachelt oft mein kreatives Denken an. Zumindest hilft es meiner Konzentration, etwas im Auge zu behalten. Da die Zwischenergebnisse im Beisein aller Teilnehmer ständig sichtbar und korrigierbar dokumentiert sind, entfällt die Gefahr der Manipulierung, wie es bei nachträglich erstellten Protokollen der Fall sein könnte. Missverständnisse, die aufgrund von Hörfehlern, Unkonzentriertheit, Vergessen oder Verdrängen zustande kommen, werden vermieden. Der rote Faden bleibt sichtbar. Dadurch, dass sich jeder Teilnehmer sozusagen schriftlich ernst genommen sieht, kann sich die Wichtigkeit der eigenen Beiträge relativieren.

Jeder Teilnehmer sieht, wie er selbst die Bausteine zu einer Lösung liefert.

Mediator: »Und Sie, Christa, wollen, wenn ich Sie richtig verstanden habe, auf alle Fälle geregelt sehen, wer die Firma künftig leitet. Ist also die ›Geschäftsführung‹ für Sie ein Thema? Sie nicken. Aber zur Vermeidung von Missverständnissen: Es geht jetzt an dieser Stelle nicht darum, festzulegen, wer nun wie die Firma weiterführen soll. Das wäre noch viel zu früh, weil zum Beispiel übergreifende Verbindungen zu anderen Personen nicht berücksichtigt werden könnten oder ein erweitertes Entscheidungsspektrum verhindert würde.

Thomas: »Mir ist das ehrlich gesagt egal, wer da was in der Firma macht und ob die weitergeführt wird. Ich möchte so schnell wie möglich das Geld, das mir zusteht, weil ich in Chile damit etwas Sinnvolles anfangen kann: in den alternativen Landbau investieren. Ich möchte damit Menschen helfen, die am Existenzminimum leben. Ein Armer in Chile ist ganz anders arm als einer hier.«

Mediator: »Da äußern Sie schon ein ganz konkretes Interesse, nämlich Geld für ein, ich sage mal, soziales Engagement. Aber ich möchte es noch zurückstellen, solange nicht alle Themen präsent sind, aber natürlich soll und darf das nicht verloren gehen. Deshalb setze ich dieses Interesse etwas außerhalb der Themensammlung.«

Thomas: »So passt das schon.«

Frau Cordes: »Aber Thommy, du weißt doch genau, wie prekär die Finanzsituation der Firma ist. Ich möchte, dass keiner von euch derzeit seinen Pflichterbteil fordert.«

Thomas: »Dafür kann ich nun leider nichts. Vielleicht geht die Firma ganz Pleite, was ist dann? Verkauft sie doch. Jetzt kriegen wir vielleicht alle noch was dafür.«

Volker: »Du hast doch gehört, was Mutter gesagt hat: Ein Verkauf kommt nicht in Frage.«

Christa: »Und wenn du jetzt Geld haben willst, dann bist du unser menschheitsrettender Totengräber und hier werden vielleicht eine ganze Menge Leute arbeitslos.«

Thomas: »Was da wirklich stimmt, muss halt dann mein Rechtsanwalt herausfinden.«

Volker: »Bravo. Und du, Christa, schaltest deinen auch ein. So geht es. Und der Auftrag von CENA verschimmelt auf meinem Schreibtisch.«

Christa: »Den du bewachst wie Fort Knox. Warum eigentlich? Ich bin total sauer und finde es unmöglich, dass mein Bruder sich einfach handstreichartig in den Chefsessel schwingt und mir den Zutritt zum Büro und die Einsicht in die Geschäftsunterlagen verweigert. Ich möchte schon wissen, was da in den letzten zwei Jahren gelaufen ist, als er Assistent bei Vater war.«

Der Mediator, der alle Teilnehmer nochmals bittet, zunächst nur zu ihm quasi als Katalysator zu sprechen, und der mit Einverständnis von Thomas das Thema »Auszahlung des Erbteils: Höhe und Zeitpunkt« visualisiert, überlegt unter anderem, ob hinter Christas Empörung, am Betreten der Büroräume und an einer Akteneinsicht gehindert zu werden, eine Vermutung dunkler Geschäfte zu sehen ist. Dann wäre das bei den Interessen aufgehoben. Auf seine (offenen) Fragen »Was meinen Sie mit ›total sauer‹ und ›unmöglich‹ genau und wie erleben Sie das Verhalten Ihres Bruders im Einzelnen?« äußert Christa nichts in Richtung solcher Geschäfte. Sie will die Themen »Zugang zu den Geschäftsräumen«, »Offenlegung« und »Informationsfluss« bearbeitet sehen und spricht den CENA-Auftrag an. Ein zwischen Volker und Christa einsetzendes Kompetenzgerangel mit Zündstoff aus ihren persönlichen und beruflichen Leben entschärft der Mediator, indem er paraphrasiert.

*Paraphrasieren* in der Mediation heißt, das, was der andere gesagt hat, in überwiegend eigenen, die Situation entspannenden Worten und auf das Wesentliche verkürzt, aber inhaltlich unverfälscht zu wiederholen. Viele nennen es auch Spiegeln und aktives Zuhören. Aktiv meint dann nicht nur zuzuhören, sondern auch wiederzugeben. Das Paraphrasieren hat unter anderem folgende Funktionen:[43]

- Der emotionale Stau, zum Beispiel der Ärger, die Wut, die Angst, die Frustration, nimmt ab, wenn der Teilnehmer spürt, dass ihm zugehört und er verstanden wird.
- Mit der Wiedergabe der Probleme durch den konzentrierten Mediator können diese beim Teilnehmer selbst deutlicher werden. Paraphrasieren ist immer auch wichtig als Zeichen der Empathie und Wertschätzung.
- Paraphrasierte Sichtweisen und Probleme können den anderen Teilnehmern verständlicher werden und damit mehr wechselseitige Empathie auslösen.
- Der Kommunikationsstil entspannt sich, indem der Mediator, für alle beispielhaft und nachahmbar, die Emotionsgeladenheit und Aggressivität entschärft.
- Durch die Wiedergabe des wesentlichen Inhalts bleibt die Diskussion auf das Wichtige beschränkt und verliert sich nicht in »Nebenkriegsschauplätzen«.
- Konkretisierungen verhindern unterschiedliche oder pauschale Deutungen dessen, was tatsächlich gemeint ist. Es wird nicht um den heißen Brei herumgeredet. Die Dinge werden benannt, um sie klären zu können.
- Paraphrasierend regelt sich das Tempo einer Diskussion, sodass Wortgefechte, die nichts klären, unterbleiben.

Das Paraphrasieren ist vorrangig in den Verfahrensschritten 2 und 3 unverzichtbar, in denen es um den eigentlichen Aufbau einer Kommunikation zwischen den »Streithähnen« geht. An diesem (Wieder-)Aufbau kann jeder, also nicht nur der Mediator, mitarbeiten, indem er die Grundregeln des Paraphrasierens beherzigt, die ebenso in anderen Kommunikationssituationen, zum Beispiel beim Nachfragen, Feedbackgeben oder Zusammenfassen, gelten. Das Paraphrasieren wird auch außerhalb der Mediation gelingen,

- wenn Sie aufmerksam, konzentriert, geduldig, zurückhaltend, allparteilich und offen sind (also auch keine vorschnellen Schlüsse ziehen und sich alle Sichtweisen aller Teilnehmer anhören),
- wenn Sie den wesentlichen Inhalt des von einem anderen Gesagten ohne eigene Interpretation, Kommentierung, Wertung oder Unterstellung mit überwiegend eigenen Worten wiedergeben,
- wenn Sie immer beides paraphrasieren: die sachlichen Aussagen und die Gefühle,
- wenn Sie auf die vier Botschaften einer Nachricht, also den Sachinhalt, die Selbstoffenbarung, die Beziehungsebene und den Appell, achten und für die Botschaften, die nicht deutlich ausgedrückt wurden, Klarheit schaffen,
- wenn Sie, ohne die Absichten des Sprechers zu missachten oder zu verfälschen, das Positive in seinen Botschaften herausstellen,
- wenn Sie mit Ihrer Wortwahl zeigen, dass Sie zuhören und verstehen (»Ich höre heraus, dass Sie verärgert/froh sind«) und subjektive Ansichten nicht als Faktum stehen lassen (»Für Sie sieht es so aus, dass ... wirkt es so, dass ...«). Es geht nicht um Ihre Zustimmung oder Ihren Widerspruch.
- wenn Sie Verallgemeinerungen wie »man«, »wir«, »jeder«, »der normale Mensch«, »im Allgemeinen« usw. vermeiden und das Gesagte auf den Sprecher (»Sie/Du ...«) und Ihre Beiträge auf sich selbst (»Ich habe noch nicht verstanden, wie Sie ...«) beziehen. Ich-Sie- und Ich-Du-Aussagen geben am gültigsten die gegenseitigen Wahrnehmungen wieder.

Dadurch, dass der Mediator den Zündstoff des Kompetenzgerangels für Christa und Volker paraphrasierend transparent macht, lassen beide nicht mehr so viel »emotionalen Dampf« ab und es kehrt bei der Diskussion über den CENA-Auftrag mehr Sachlichkeit ein, auch wenn ein paar »Nickligkeiten« dazugehören. Auf die Themen »Umgang mit dem Auftrag CENA« und wegen der Eile »Die nächsten Schritte« sowie (die bereits visualisierte) »Geschäftsführung« legen sowohl Christa als auch Volker Wert, ohne dass beide jetzt schon ihre persönliche »Interessen-Munition« verschießen, und zwar auch dann nicht, als Volker die Stellung Hornbachs im Betrieb anspricht und er sich dabei eine Aufwertung Hornbachs gut vorstellen kann, weil Hornbach ähnliche Visionen von der Zukunft der Firma habe wie er selbst. Als der Mediator die »Rolle Hornbachs« in den Themenspeicher aufnimmt, versteht Christa dies als Thema, das momentan noch nicht geklärt oder entschieden werden muss. Wohl aber diskutieren Frau Cordes, Christa und Volker darüber, ob und wann Herr Hornbach überhaupt an der Mediation teilnehmen soll. Sie wollen zunächst den Verlauf der Interessenklärung abwarten. Christa legt aber Wert darauf, dass die »Anforderungsstandards an Unternehmensführung« als Thema festgehalten werden, während Volker, der nur alleine im Unternehmen entscheiden will, die »Entscheidungsstrukturen« thematisiert. Damit stehen im Themenspeicher folgende Themen:

*Umgang mit dem ideellen Erbe*
*Fortbestand des Unternehmens*
*Geschäftsführung*
*Auszahlung des Erbteils: Höhe und Zeitpunkt*
*Zugang zu den Geschäftsräumen*
*Offenlegung*
*Informationsfluss*
*Umgang mit dem Auftrag CENA*
*Die nächsten Schritte*
*Rolle Hornbachs*
*Anforderungsstandards an Unternehmensführung*
*Entscheidungsstrukturen*

Manche Mediatoren bitten die Teilnehmer, sich auf die Reihenfolge der Bearbeitung nach Prioritäten zu einigen. Als Entscheidungskriterium für oder gegen eine solche Bitte (in Phase 3) kann gelten, ob sie im Einzelfall, je nach Stimmung oder Aggressionspotenzial, der Konfliktbearbeitung dienlich erscheint. So kann zum Beispiel ein nicht so konfliktträchtiges, auf Gemeinsamkeiten hinweisendes Thema dadurch, dass es als Erstes bearbeitet wird, für ein anregendes Erfolgserlebnis sorgen. Sinnvoll ist es, auf die inhaltliche Nähe von Themen, zum Beispiel »Geschäftsführung«, »Anforderungsstandards an Unternehmensführung« und »Entscheidungsstrukturen« oder »Zugang zu den Geschäftsräumen«, »Offenlegung« und »Informationsfluss«, zu achten und sie auch optisch auszuweisen.

Frau Cordes, Christa, Volker und Thomas, die mit der Themensammlung zufrieden sind, akzeptieren den (verfahrenssteuernden) Vorschlag des Mediators, neben den Einzelthemen »Auszahlung des Erbteils« und »Rolle Hornbachs« die Themenblöcke

»Geschäftsführung«
- »Anforderungsstandards an Unternehmensführung«
- »Entscheidungsstrukturen«

»Umgang mit dem Auftrag CENA«
- »Die nächsten Schritte«

»Offenlegung«
- »Zugang zu den Geschäftsräumen«
- »Informationsfluss«

»Fortbestand des Unternehmens«
- »Umgang mit dem ideellen Erbe«

zu bearbeiten. Sie wollen mit dem Block »Geschäftsführung« beginnen, die übrige Reihenfolge bleibt noch offen. Sie überlegen, ob sie sofort in die Interessenklärung einsteigen sollen, beschließen aber nach Beratung mit dem Mediator, die bisherigen Eindrücke wirken zu lassen und – den CENA-Termin vor Augen – die Mediation in drei Tagen fortzusetzen.

3. Die *übergeordneten Ziele* der Informations- und Themensammlung sind, wie die übergeordneten Ziele der Interessenklärung auch, Empowerment und Recognition.

Wenn die Teilnehmer, vom Mediator unterstützt, anders als bisher mit kommunikativen Mitteln und Möglichkeiten (zum Beispiel Gesprächstechniken) ausdrücken, *was* ihnen persönlich wichtig ist, *was* geregelt werden soll, *worum* es ihnen geht (Themen-Empowerment in Phase 2), wenn sie deutlich machen, *warum* das für sie persönlich wichtig ist, *wozu* sie das brauchen, und sie so ihre *eigenen* Interessen und Bedürfnisse formulieren (Interessen-Empowerment in Phase 3), und wenn die Teilnehmer *gegenseitig anerkennen, was* (Themen-Recognition in Phase 2) und *warum* etwas dem anderen wichtig ist (Interessen-Recognition in Phase 3), dann kann ein innerer Wandel, eine Transformation geschehen. Wir wenden uns dabei intensiver uns selbst und dem anderen zu. Unser Individual- und Sozialverhalten wird anders. Wir können anders miteinander umgehen. Ein soziales Lernen geschieht.

# Die Phase 3: Die Bedürfnis- und Interessenklärung

*(Der Königsweg der Mediation)*

Drei Grundbedürfnisse hat der Mensch, auf denen ein gelingendes privates, berufliches und gesellschaftlich-politisches Miteinander basiert: Sicherheit – Beziehung – Autonomie.

Bedürfnisse wären keine, wenn sie nicht auf Erfüllung drängten. Ein Bedürfnis, das an seiner Verwirklichung kein Interesse hat, wäre nicht wirklich ein Bedürfnis. So gesehen sind Bedürfnis und Interesse identisch. Unser Existenzpunkt, die Nullstelle der Koordinaten, an der sich unsere Interessen und Bedürfnisse, unsere Wichtigkeiten und Nichtigkeiten, unsere Gegensätze und Übereinstimmungen, unsere Vergangenheit, Gegenwart und Zukunft berühren,[44] ist die Beziehung. Sicherheit und Autonomie wären ohne die Existenz eines anderen inhaltsleer, sinn-los. Im Gegenüber des anderen erfahren wir, dass wir ein Ich haben, ein Ich sind. Unsere Interessen, ob sachlich oder emotional, sind letztlich hingeordnet auf ein Du.

Je bewusster ich lebe, desto mehr erkenne ich, wie wichtig der *gute* Kontakt zu anderen ist. Gut ist er, wenn nicht manipuliert und damit nicht taktiert wird. Bin ich in einem schlechten Kontakt zu mir selber, und das heißt, ich bin nicht eins mit mir, zum Beispiel weil ich nicht weiß, was ich will, dann kann ich einem anderen kaum gerecht werden. Es wird in der Beziehung jemand fehlen: ich selbst. Deshalb ist es wichtig, dass ich innerlich intakt bin, im guten Kontakt mit mir selber, meinen Gefühlen, dass ich mich selbst annehme und selbst liebe. Das heißt auch, dass ich mich das leben und ausdrücken lasse, was mich interessiert, was mir wichtig ist, sodass ich mehr und mehr auch für andere sichtbar, greifbar, begreifbar werden kann.

In seiner Transaktionsanalyse – Transaktion als Kommunikationsakt – unterscheidet Eric Berne drei Ich-Zustände, die sich im Laufe eines Lebens im Denken, Fühlen und Handeln eines Menschen zeigen:

Im Eltern-Ich verhalten wir uns nach den Mustern unserer Eltern beziehungsweise anderer Autoritätspersonen. Aber auch wenn wir kritisch oder fürsorglich sind: Für unsere eigenen Wünsche, Bedürfnisse und Interessen sorgen wir dabei nicht wirklich.

Im Kind-Ich bleiben wir in den Erfahrungen der frühen Jahre und in einem Ich-Zustand, der sich in einem natürlichen, angepassten oder rebellischen Kindheits-Ich-Zustand äußern kann mit dementsprechenden Wünschen, Bedürfnissen und Interessen.

Im Erwachsenen-Ich analysieren wir die Realität, überprüfen und sortieren Tatsachen und treffen Entscheidungen. Und dennoch erscheinen wir unseren Mitmenschen oft rätselhaft, wenn es uns nicht gelingt, unsere wahren Beweggründe und Motive transparent zu machen – oder wenn wir das gar nicht wollen.

Wie oft reagiert jemand, der offensichtlich gereizt ist oder leidet, auf die Frage, was er denn habe, mit »Nichts, es ist gar nichts«! Dabei würde sowohl in der Zweier- oder Familienbeziehung als auch im Berufsleben eine klare Ich-Botschaft für alle Beteiligten oftmals Entlastung bringen oder einen Gefühlsstau, der zur Aggression oder Depression tendiert, gar nicht erst aufkommen lassen. Insbesondere bei existenziell wichtigen Fragen ist der Weg des geringsten Widerstandes nicht immer der hilfreichste. Je länger ich etwas verdränge, verleugne oder mich anpasse und damit die Auseinandersetzung mit der Wirklichkeit aufschiebe, desto schwerer wird das anfangs noch Leichte.

Wer sich zum Beispiel überanpasst an das, was er beim anderen als Wunsch nur vermutet, wird letztlich zu dessen Vollzugsorgan und verpasst sein eigenes Ich. Wenn wir uns davor scheuen, unsere Bedürfnisse und Interessen anzumelden, auch wenn zu befürchten ist, dass ein Konflikt entsteht oder zumindest kurzzeitig eskaliert, versäumen wir in der zu großen Anpassung eine Reifung, ein Erwachsenwerden. Wer durch stete Anpassungsleistungen – Anpassung erfordert viel Energie und letztlich Substanz – einen Menschen für sich gewinnen will, arbeitet nicht wirklich an einer Beziehung, die beide Seiten in ihrer Persönlichkeitsentwicklung fördert.[45] So gesehen geht Interessenklärung vor Kompromiss.

1. *Inhaltlich* geht es darum, die Interessen und Bedürfnisse hinter den Positionen und Themen zu erarbeiten und Gefühlen ihren (stau)lösenden Lauf zu lassen.

Wenn ich bekräftigt, »empowert«, in der Mediation die Chance der Selbstoffenbarung, der Selbstmitteilung nutze, die für mich selbst immer etwas bewegt, habe ich nicht mehr schwer zu kauen an der Feststellung Balzacs »Die Ziege muss eben dort weiden, wo sie angebunden ist«. In der Verschlossenheit löst sich keine Verstrickung. Auch innerhalb unserer Beschränkungen und Aktionsradien, die vielleicht durch Sachzwänge oder Rücksichtnahmen gegeben sind, ist vieles erreichbar, wenn wir eine »Selbstfesselung« aufgeben und auch mal wie entfesselt loslegen.

Trotzdem wird die Mediatorin auf eine Deeskalation des Konflikts achten, indem sie die Sach- und Beziehungsebene entflicht. Sie trägt mit Gesprächstechniken allparteilich und im »Vierklang« dazu bei, dass Frau Cordes und Christa, Volker und Thomas bei ihren Äußerungen und Debatten die tatsächlichen Motive ihres Handelns und die Beweggründe für das, woran sie in Zukunft interessiert sind, nicht aus dem Auge verlieren, wobei sie für die Visualisierung der Themen und Interessen folgende Darstellungsform verwendet:

| | Frau Cordes | Christa | Volker | Thomas |
|---|---|---|---|---|
| Thema<br>Thema<br>Thema | Interessen | Interessen | Interessen | Interessen |
| Thema<br>Thema | " | " | " | " |
| Thema<br>Thema<br>Thema | " | " | " | " |
| Thema | " | " | " | " |
| Thema<br>Thema | " | " | " | " |
| Thema | " | " | " | " |

Volker: »Ich werde das Gefühl nicht los, Christa, dass du mich als einen realitätsfernen, sich selbst überschätzenden Egoisten siehst und mich einfach nicht ernst nimmst in meiner Überzeugung, dass ich die Firma führen kann. Ich glaube, du tust das als Größenwahn ab, weil ja einer, der das Studium nach 16 Semestern geschmissen hat und nach einem Jahr auch mit dem Vertrieb von elektronischen Zahnbürsten aufhört, völlig ungeeignet ist, eine Firma mit 36 Angestellten in einem heiß umkämpften Markt zu leiten und vorwärts zu bringen. Aber ich werde das durchziehen. Klar? Und noch eines kann ich dir sagen: Ich habe nicht aufgehört, weil andere bessere Verkäufer waren, und ich habe auch bei den Zahnärzten die Klinken geputzt. Ich habe aufgehört, weil ich genau gesehen habe, dass mein Produkt nichts taugt und die Konkurrenz ein Marketinggesetz erfüllen konnte, für das meine Firma nichts auf die Beine beziehungsweise an die Zähne brachte: in einem Punkt, in einem einzigen Punkt besser sein als die anderen. Das ist es, was in der Praxis über den Erfolg entscheidet, den ich mir und euch beweisen will. Natürlich mit einer guten

Verkaufspsychologie, und die sagt, egal, in welcher Branche, und jetzt nur bildlich gesprochen: Wir verkaufen keine Schuhe, wir verkaufen anmutige, liebliche, reizende Füße. Da kannst du dir dein ganzes Uni-Wissen und deine schlauen Thesen ins Hemd häkeln. In den Büchern drin sind viele gescheit.«

Christa: »Genau. Und ich habe das Gefühl, du hast Minderwertigkeitskomplexe, die du mit Alkohol kompensierst, und glaubst auch noch, du hast mit deiner Schützengrabenerfahrung vor Ort die höheren Weihen, die Software Cor aus dem tiefen Tal ihrer Bilanztränen zu führen oder zu retten, oder was weiß ich.«

Volker: »Das ist eine gute Frage, was du weißt.«

Christa: »Dass du dringend Bedarf hast, erstens zur Kenntnis zu nehmen, dass ich als Wirtschaftsprüferin in praktische Zusammenhänge Einblick habe, die weit über die Marktstellung der Software Cor hinausgehen, und ich schon von daher auch dir, Mutter, beweisen kann, dass die Verbindung von Theorie und Praxis für unsere Firma nur gut sein kann. Und zweitens, mein Lieber, stinken mir einfach deine überhebliche Tour und die unverfrorene Art, wie du dir die Firma unter den Nagel reißen willst. Und ich möchte dir gern dein offensichtliches Vorurteil, dass Studierte nichts von einer Managementpraxis verstehen, um die Ohren wickeln. Ein erfolgreiches Marketing, Herr Cordes, unterscheidet zwischen »Needs« und »Wants«. Needs meint, ich liefere billig, praktisch, schnell. Bei Wants dagegen geht es um Wertschöpfung. Beim ganz speziellen Käse zahlt Frau Spesenreich das Lob ihrer Gäste mit. Man muss heute Bedürfnisse mitproduzieren, sonst tritt zum Beispiel eine Übersättigung ein, die zur Konsumverweigerung führt.«

Thomas: »Die Sorgen möchte ich auch haben.«

Christa: »Die hast du aber, Tom, wenn auch leider nicht mit hoffentlich unserer Rettungsfirma CENA. Auch du brauchst einen bestimmten Verkaufspreis für deine Avocados aus deinem alternativen Landbau, damit deine Leute was davon haben. Marketing gilt auch für euch, weil es die Strategie ist, um Bedürfnisse und Wünsche der zum Beispiel europäischen Konsumenten nach superbiologischen Mangos oder Avocados zu befriedigen. Immer wenn

Menschen Angst haben, wollen sie magischen Schutz. Deshalb ist bei CENA der Joghurt probiotisch.«

Volker: »Schwesterchen, Schwesterchen, du bist ja eine ganz Ausgeschlafene.«

2. *Methodisch* hat die Mediatorin hier dieselbe Palette der Gesprächstechniken zur Verfügung wie in der Phase 2, also neben den Fragetechniken, dem Paraphrasieren und Visualisieren die Ich-Botschaft, das Differenzieren, das Zusammenfassen und den kooperativen Diskurs, wobei sie je nach Falllage auf die eine oder andere Möglichkeit verzichten wird, niemals aber auf das Paraphrasieren:

Mediatorin: »Lassen Sie mich sichergehen, Volker, ob ich Sie richtig verstanden habe. Sie sehen sich völlig unterbewertet und möchten für die Zukunft Zutrauen erfahren für das, was Sie tun. Für Sie ist wichtig, Ihre Praxiserfahrungen anzuwenden, weil Sie aus der Zeit, in der Sie quasi täglich im Verkaufseinsatz waren, wissen, worauf es ankommt, um Kunden zu gewinnen. Und das erreichen Sie aus Ihrer Sicht am besten, wenn Sie die Firma weiterführen.«

Volker: »So ist es.«

Mediatorin: »Und bei Ihnen, Christa, sehe ich, dass Sie empört sind über die Vorgehensweise Ihres Bruders Volker und sich wünschen, dass sowohl von Ihrer Mutter als auch von Volker Ihre berufliche Qualifikation als Chance für die Firma erkannt wird. Sie möchten Ihre im Studium und in Ihrer Tätigkeit als Wirtschaftsprüferin erworbenen Managementkompetenzen in die Firma Ihres Vaters einbringen. Verstehe ich Sie richtig, dass Sie dabei auch die Marketing-Strategien auf den neuesten Erkenntnisstand bringen wollen?«

Christa: »Genau. Ich möchte die Firma modernisieren, damit sie mithalten kann am Markt und wettbewerbsfähig bleibt.«

Mediatorin: »Dann werde ich jetzt einmal die bisher deutlich gewordenen Interessen visualisieren. Für Sie, Volker, in Rot, und für Sie, Christa, auf einer hellblauen Karte. Für Sie, Frau Cordes, werde ich Gelb nehmen und für Sie, Thomas, Dunkelblau.«

Die Mediatorin – sie kann die Farben auch wählen lassen: Sie wird spüren, auch das ist Empathie, ob sie damit ein neues Konflikt-Fass aufmacht oder eine eher humorige Entspannung erreicht – notiert neben dem Themenblock »Geschäftsführung« in der Interessenspalte für Volker: »Realisierung der Erfahrung im Umgang mit Kunden«, »sich beweisen wollen«, »Zutrauen in meine Fähigkeiten«, und bei Christa: »Anerkennung meiner beruflichen Qualifikation«, »Anwendung der Managementkompetenzen und neuester Marketingstrategien«, »Firma modernisieren, ihre Wettbewerbsfähigkeit sichern«.

Ohne durch das Paraphrasieren den Inhalt oder die Intention der Aussagen Christas und Volkers verfälscht zu haben, können sich beide verstanden fühlen. Sie können in ihrer Kommunikation weniger emotionsgeladen und aggressiv sein und empathischer reagieren. Die Klärung der Interessen kann in der Folge geschehen, ohne dass sich neue Wortgefechte ergeben müssen.

Dabei helfen auch wieder die richtigen (W-)Fragen. Meine Interessen kann ich präziser (selbst) offenbaren, (selbst) mitteilen, wenn ich gefragt werde, *was* ich mir wünsche, *warum* ich es will, *warum* es mir wichtig ist. Die Warum-Fragem haben aber auch ihre Tücken. Warum?

Als aufrichtige Bitte um eine Information, die dem Fragenden fehlt (»Warum ist das für Sie wichtig, hilfreich, befreiend?« oder »Warum hat die Warum-Frage Tücken?«), ist sie echt, also nicht manipulierend. So dient sie der Klärung und ermöglicht Antworten, die neue Lösungsperspektiven eröffnen können.

Unecht, weil manipulierend, sind Warum-Fragen, wenn der Fragende selber darin vorkommt als einer, der zum Beispiel einen versteckten Vorwurf macht (»Warum nur haben Sie das getan?«). Ähnliches gilt für Formulierungen wie zum Beispiel »Wie konnten Sie nur ...!« oder »Ich hätte das nie getan!«, die dem Befragten ein schlechtes Gewissen vermitteln oder eine Schuld zuweisen sollen.

Unechte Warum-Fragen provozieren Verteidigung oder Rechtfertigung, sie sind eher Killerfragen und nicht konstruktiv, so wie auch Manipulation ihrem Wesen nach nicht konstruktiv ist.

Kommt jedoch in einer Frage nur der Befragte vor, werden therapeutische Abhängigkeiten vermieden. Frage ich anstelle des »Warum?« zum Beispiel: »Was bedeutet das für Sie?«, kann der andere sich echt und offen zeigen. Entscheidend ist, in welcher Absicht und Haltung eine Warum-Frage gestellt wird.

Im »Orangenstreit« hat die Frage »Warum ist die Orange für dich so wichtig?« das Problem im Kern erfasst: Eine Schwester wollte den Saft pressen, um sich – das ist ihr Interesse – mit Vitamin C zu stärken. Die andere wollte – ihr Interesse – mit der Schale einen Kuchen aromatisieren. Die eine bekommt das Fruchtfleisch und den Saft, die andere die Schale. Der (Interessen-)Sieg fällt beiden zu. – Und wie geht es in der Familie Cordes aus?

Mediatorin (sie behält immer die Entflechtung der Beziehungs- und Sachebene im Auge): »Sie stellten den Themenblock ›Geschäftsführung‹ als Erstthema auf die heutige Tages- und damit Interessenordnung und haben auch schon einige persönliche und sachliche Interessen deutlich gemacht. Einige heißt noch nicht alle. Sie können sich weiterhin äußern, und das heißt immer auch zeigen, wie es in Ihnen aussieht. Auch wenn Sie ein Thema nicht selbst genannt haben, können und sollen Sie Ihre Interessen dazu einbringen. Können oder wollen Sie dazu nichts sagen, bleibt an dieser Stelle Ihre Farbkarte leer. Was bedeutet es für Sie, die Geschäftsführung zu haben, jetzt einmal ganz persönlich gesehen, also so, dass Sie nur ganz auf sich selber schauen und den anderen, wie manche sagen, außen vor lassen? Volker? Christa? Christa? Volker?«

Volker: »Also, wie soll ich sagen. Es hat mir schon gut getan, als ich die letzten zwei Jahre in der Geschäftsführung mit dabei war und ein sicheres Einkommen hatte. Es ist einfach ganz was anderes, wenn Sie auf der Chef-Seite stehen und nicht mehr bei Zahnärzten, Apotheken oder Großmärkten um Termine betteln müssen.

Verstehen Sie, das ist ganz anders, wenn die Leute plötzlich zu Ihnen kommen und was wollen.«

Frau Cordes: »Und schlecht ist es ja nun wirklich nicht, wenn Volker durch eine Arbeit, die ihm Spaß macht, Verantwortung übernehmen kann. Das liegt mir schon sehr am Herzen, dass Volker festen Boden unter die Füße bekommt und, auch wenn die Situation momentan nicht so rosig ist, zumindest Aussichten hat – wir dürfen ja diesen Auftrag nicht vergessen –, seine Schulden, die sich wohl angesammelt haben, zurückzuzahlen. Ich glaube, wer etwas tut, das ihn ausfüllt, der wird zwar auch mal ein Schlückchen zu viel erwischen, aber ein Alkoholiker wird er nie. Und dann könnte er, denke ich, doch auch viel eher eine Frau finden. Da wäre ich schon auch sehr froh.«

Christa: »Das sieht ja toll nach einem Ach-der-arme-Volker-Spenden-und-Errettungsaufruf aus. Und ich will ja auch wirklich, dass mein Bruder sein Leben in den Griff bekommt. Aber schauen Sie: Ich habe auch Probleme. Nicht im Beruf. Ich habe ein Gehalt, über das ein Junggeselle nicht mäkeln könnte. Nur habe ich auch zwei Kinder, eine Tochter mit sieben und einen Sohn mit vier, und einen Mann, der Künstler ist, aber leider brotlos und sich zurzeit als Hausmann um die Kinder kümmert.«

Frau Cordes: »Mir ist ja genauso daran gelegen, dass es auch dir, Christa, und dir, Thommy, gut geht. Ich will nur keinen Streit zwischen uns.«

Christa: »Und da habe ich schon überhaupt nichts dagegen, wenn zu meinem Festgehalt was dazukommt. Eigentlich wollte ich mir sogar die alleinige Nachfolge Vaters in der Firmenleitung gerichtlich erstreiten, aber vielleicht gibt es doch eine Möglichkeit, das zu vermeiden.«

Mediatorin: »Um die ausfindig zu machen, haben wir die Phase 4 der kreativen Ideensuche. Nur wäre es geradezu ein Kunstfehler, mit der Phase 4 zu beginnen, ohne die Interessen und Bedürfnisse wirklich geklärt zu haben. Heute, in dieser Sitzung, lautet die Frage: Welche Bedürfnisse sollen bei einer späteren Mediationsvereinbarung – Sie erinnern sich an unser erstes gemeinsames

Treffen – abgedeckt werden? Ich habe da noch mehrere herausgehört, die für Sie in der Thematik »Geschäftsführung« besonders wichtig sind. Korrigieren Sie mich, wenn Sie nicht einverstanden sind: Für Sie, Volker, ist die *berufliche Perspektive*, verbunden mit *Anerkennung* und *finanzieller Sicherheit*, wichtig. Sie, Frau Cordes, wünschen sich, dass *Volker* eine *Aufgabe* erhält, um seine *existenzielle und familienplanerische Zukunft zu sichern*, wobei Ihnen auch der *Familienfrieden* am Herzen liegt. Und Ihnen, Christa, ist neben den schon geäußerten Interessen auch ein *höheres Einkommen* wichtig, nicht zuletzt wegen einer eigenen Familie. Und Sie, Thomas? Sehen Sie in diesem Themenbereich Bedürfnisse für sich? Selbstverständlich können Sie, und natürlich Sie alle, selbst wenn schon ein anderes Thema behandelt wird, Interessen immer noch nachmelden.«

Besonders intensiv offenbart die *Ich-Botschaft* die persönlichen und sachlichen Interessen eines Teilnehmers. Deshalb wird die Mediatorin jeden Teilnehmer unterstützen, sich in einer Ich-Botschaft zu äußern. In einer Ich-Botschaft, die nach Dulabaum[46] folgendermaßen aussieht, werden wir greifbar, sichtbar:

1. Ich fühle mich ...,
2. wenn er/sie/du/Sie/jemand ...,
3. weil ...,
4. und ich möchte, brauche oder will ...

Würde Christa sagen: »Ich weigere mich, den CENA-Vertrag zu unterschreiben, solange dieser selbstherrliche Egoist die Unterlagen unter Verschluss hält und noch die Firmenpleite verschuldet«, wäre das keine Ich-Botschaft. Es wäre eine Position mit einem Vorwurf, einer Schuldzuweisung an Volker, ohne dass Christa ihr wahres, wirkliches Interesse formuliert. Um das hinter der Position stehende Interesse in den Vordergrund zu rücken und von der Schuldzuweisung zu einem in einer Ich-Botschaft enthaltenen Bedürfnis zu kommen, kann ein Perspektivenwechsel den Weg ebnen:

Mediatorin: »*Sie* brauchen – wenn ich Sie richtig verstehe – Informationen, um *Ihre* Unterschrift verantworten zu können. Sehe ich das so richtig?«

Christa kann damit den Blick von Volker weg auf sich selbst richten. Sie kann die Sicht der Mediatorin bestätigen oder ablehnen, indem sie sich dazu äußert, warum das Thema »Umgang mit dem Auftrag CENA« für sie persönlich so wichtig ist. Ihr wirkliches Bedürfnis kann sie direkt in einer Ich-Botschaft offen legen, mit der Folge, dass bei Volker weniger eine mit Vorwürfen attackierende Schwester (»Dieser selbstherrliche Egoist verschuldet die Firmenpleite«) ankommt, die sein Kontra herausfordert oder ihn »zumachen« lässt, als vielmehr jemand, die sich als Betroffene zeigt. Drücken Vorwürfe einseitig selbst konstruierte Wahrnehmungen aus, so formuliert eine Ich-Botschaft das, was uns persönlich stört, in einer Art und Weise, auf die der andere leichter eingehen kann, selbst wenn der Vorwurf zu Recht besteht.

Eine solche Ich-Botschaft ist zum Beispiel, wenn Christa sagt: »Ich fühle mich völlig überfordert, wenn jemand von mir verlangt, ich solle einen Vertrag ohne Hintergrundwissen unterschreiben, weil ich es generell für verantwortungslos halte, Verträge ohne Kenntnis des Firmenstatus und der Vorverhandlungen zu unterzeichnen, und ich möchte da nach der Unterschrift keine bösen Überraschungen erleben.«

Mediatorin: »Es ist Ihnen also absolut wichtig, persönlich und nach allen Berufsregeln *verantwortlich zu handeln*?«

Christa: »Genau. Und deshalb will ich jetzt die ›Offenlegung‹ der Geschäftsunterlagen, natürlich auch, weil ich, und ich sage das ohne jede Verpackung, Volker, dann hoffentlich auch deine innovative Handschrift sehen kann. Ich war wirklich stocksauer, und bin es eigentlich immer noch, dass du dich wie Wilhelm der Eroberer aufgeführt hast. ›Die nächsten Schritte‹ wünsche ich mir so, dass noch vor der Unterzeichnung des CENA-Vertrages, die ich ja genauso will wie meine Mutter und Volker, geklärt ist, ob eventuell noch Verbesserungen möglich sind. Ist zum Beispiel die Verwertbarkeit der von uns an CENA zu liefernden Software voll ausverhandelt worden? Liefern wir sie exklusiv oder können wir sie auch an andere Firmen verkaufen? Und überhaupt: Warum ist unser Überleben allein vom CENA-Auftrag abhängig? Ohne den »Informationsfluss« und natürlich ohne ›Zugang zu den Geschäftsräumen‹ kann kein Mensch künftig Verantwortung mittragen. Und genau das möchte. Dann setze ich mich auch mit Hornbach zusammen, von dem ich ja weiß, dass er kompetent ist, der mich aber lieber am Herd sieht als in der Firma. Nur macht mir das keine Angst. Ich kann ihn sehr wohl zu einem gut programmierten Firmenmenü einladen.«

Volker: »Könnten Sie das bitte nochmals wiederholen, diese vier Punkte mit der Ich-Botschaft?«

Mediatorin: »Nichts lieber als das.«

Die Mediatorin demonstriert nochmals die Regeln der Ich-Botschaft, weist auf den Perspektivenwechsel hin und fasst die bisherigen Zwischenergebnisse zusammen.

Ein paraphrasierendes *Zusammenfassen* findet in der Mediation in allen Phasen statt. Es erleichtert die Kommunikation zwischen den Teilnehmern, weil – von der Visualisierung unterstützt – deutlicher werden kann, was zum Beispiel zwischen ihnen auf der Beziehungs- und Sachebene bisher erarbeitet beziehungsweise geklärt wurde. Es tut auch dem weiteren Vorgehen gut, wenn der Mediator in seinen Zusammenfassungen die (beispielsweise ausufernden) Beiträge ordnet. Insbesondere in Wirtschafts- oder Umweltmediationen ist dabei eine Gliederung hilfreich.

Ein Beispiel: »Wir haben hier drei Schwerpunkte. Erstens: Die Auffassung der Vertreter der Planungs- und Zulassungsbehörde zum vorgesehenen Gewerbegebiet ist folgende: ... Zweitens: Die Einwendungen des Naturschutzbundes und der Anwohner A, B und C laufen auf Folgendes hinaus: ... Drittens: Die Vertreter des Einzelhandels sind folgender Meinung: ... Beim Planungs- und Zulassungsverfahren ist, wie wir von den Behördenvertretern gehört haben, zu unterscheiden zwischen a) unbedingt einzuhaltenden

Rechtsvorschriften und b) einem Ermessensspielraum. Der Ermessensspielraum besteht innerhalb folgender Grenzen: ... Die Einwendungen des Naturschutzbundes und der Anwohner A, B und C zielen gemeinsam auf Folgendes: ... Hinzu kommt für die spezielle persönliche Situation der Anwohner ...«

Die Teilnehmer können so leichter mit allen Segnungen des Paraphrasierens (Konzentration auf wichtige Fragen, kein Herumreden um den heißen Brei etc.) den Überblick behalten.

Nach ihrer Zusammenfassung fährt die Mediatorin in der Interessenklärung fort. Sie sieht in unserem Beispiel keine Notwendigkeit, auf das *Differenzieren* zurückzugreifen. Manche Mediatoren setzen es nur dann ein, wenn andere Gesprächstechniken nicht zu differenzierten Aussagen führen. Von Thomann/Schulz von Thun und Weinberger beispielhaft herausgearbeitet,[47] können insbesondere drei Formen des Differenzierens weiterführen, grundsätzlich aber nur als Fragen, Angebote oder Vermutungen, und nicht als Interpretationen, Abwertung oder Anklage:

- *Konkretisieren:* Äußert sich ein Teilnehmer sehr allgemein (»Ich bin in unserer Ehe der Ruhigere. Das ist so.«), kann der Mediator selbst ein hypothetisches Beispiel versuchen (»Heißt das zum Beispiel, wenn Ihre Frau abends oder in der Freizeit etwas unternehmen will, dass Sie dann keine Lust dazu haben?«). Die Vermutung kann tatsächlich falsch sein, aber häufig löst sie einen Widerspruch aus, mit dem konkret weitergearbeitet werden kann.
- *Abstrahieren:* Spricht ein Teilnehmer hauptsächlich konkrete Einzelaspekte und Einzelfälle an (»Diese Fachidiotensprache. Und dieses komplizierte Zahlenwerk über die Reststoffmengen, für das sie immer das alte Gutachten heranziehen!«), wird der Mediator versuchen, das Generelle zu erkennen (»Aus Ihrer Sicht sollte der Bericht zunächst mal allgemein verständlich sein und die Daten müssten auf eine breitere Grundlage gestellt werden, damit sie nachvollziehbar und glaubwürdig sind. Geht es Ihnen darum?«).

- *Konfrontieren:* Der Mediator weist auf widersprüchliche Äußerungen hin (»Sie sagten selber, dass gründliches Arbeiten seine Zeit braucht, und haben Herrn L dafür gelobt. Andererseits soll alles noch viel schneller gehen. Was würden Sie in seiner Situation tun?«).

Immer aber bereiten die Grundhaltungen des Mediators den Boden für mehr Klarsicht und ein gegenseitiges Verstehen, das auch im *kooperativen Diskurs* oder kontrollierten Dialog (Platon, Thomas von Aquin und andere) beziehungs-weise erfolg-en kann:

A sagt seine Meinung. Bevor B antwortet, fragt er A: »Habe ich dich richtig verstanden, dass du meinst ...?« Sagt A: »Nein, du hast mich nicht verstanden«, macht B einen zweiten Versuch, eventuell auch mehrere. Kommt kein Verstehen zustande, wird A nochmals seine Meinung darlegen. Wenn A »Ja« sagt, kann B seine Meinung äußern usw.

So kommen auch Frau Cordes und Christa, Volker und Thomas mit Unterstützung der Mediatorin zu folgendem Interessenergebnis einschließlich des bereits von Thomas in der Phase 2 bekundeten Interesses des sozialen Engagements:

***Thema:***

»Geschäftsführung«

»Anforderungsstandards an Unternehmensführung«
»Entscheidungsstrukturen«

***Interessen:***

Frau Cordes: Aufgabe für Volker: seine existenzielle und familiäre Zukunftssicherung. Familienfrieden.

Christa: Anerkennung meiner beruflichen Qualifikation. Anwendung der Managementkompetenzen und neuester Marketingstrategien. Firma modernisieren, ihre Wettbewerbsfähigkeit sichern. Höheres Familieneinkommen.

Volker: Realisierung der Erfahrung im Umgang mit Kunden. Sich beweisen wollen. Zutrauen zu meinen Fähigkeiten. Berufliche Perspektive und Anerkennung. Finanzielle Sicherheit.

***Thema:***

»Umgang mit dem Auftrag CENA«
»Die nächsten Schritte«

***Interessen:***

Frau Cordes: Sofortiger Abschluss des CENA-Vertrages, auch um Sicherheit für die Mitarbeiter zu schaffen.

Christa: Persönlich und beruflich verantwortliches Handeln. Abschluss des CENA-Vertrages. Eventuelle Nachbesserungen prüfen. Weitergehende Verwertung der Software.

Volker: Sofortiger Abschluss des CENA-Vertrages zur Zukunftssicherung der Firma.

***Thema:***

»Offenlegung«
»Zugang zu den Geschäftsräumen«
»Informationsfluss«

***Interessen:***

Christa: Volkers Handschrift. Erkenntnisse über Hornbach. Übernahme von Verantwortung in der Zukunft.

***Thema:***

»Fortbestand des Unternehmens«
»Umgang mit dem ideellen Erbe«

***Interessen:***

Frau Cordes: Bewahrung des Andenkens an ihren Mann. Frieden in der Familie und im Betrieb.

Volker: Sicherung der eigenen Existenz.

Christa: Vorteile freiberuflicher Tätigkeit.

***Thema:***

»Auszahlung des Erbteils: Höhe und Zeitpunkt«

***Interessen:***

Thomas: Schnell. Soziales Engagement.
Frau Cordes: Ein »Ja«, aber Firmenschonung.

***Thema:***

»Rolle Hornbachs«

***Interessen:***

Volker: Hornbach als Berater im Hintergrund.
Christa: Neugierde auf seine Kompetenz.

3. Die *übergeordneten Ziele* sind Empowerment und Recognition.

Die *Interessen* haben, auch als sachlich-materielles, nach außen gewendetes Interesse, zu tun mit meinem Innenleben. Ich richte den Blick auf mein Inneres. Nicht dass ich dem anderen gegenüber unempathisch bin oder ihn nicht wertschätze. Interessen, Bedürfnisse bedeuten: Wie's da drinnen aussieht, geht *mich* etwas an. Das »Ich will, ich möchte, ich wünsche« sage ich nicht zum anderen als meine Position, als Vorwurf oder Anspruch an ihn, sondern *ich spreche mich selber an, ich sage es zu mir*, weil mich etwas bewegt: Ich sage es als ein Interesse, das sich erfüllen soll, in einer letzten Ich-Konsequenz sogar unabhängig davon, ob ich dem anderen schade oder nicht.

Dieses Interesse auch als Willenskraft ist eine Fähigkeit in uns, die für sich allein gesehen, das heißt ohne zum Beispiel auf ihr schädigendes oder nützendes Ergebnis zu schauen, etwas Positiv-Reales ist und wie jede Fähigkeit bekräftigt werden kann. In ihr regt sich ein lebendiges Wollen. Zu mir zu kommen, zu meinen Interessen, ist Teil des Königsweges. Auf mich selbst zu hören und zu schauen ist wichtig, weil ich mich sonst so weit von mir entferne, dass mir Hören und Sehen vergeht. Mit der Einsichtigkeit der Vernunft kann ich eine gesunde und damit auch eine für den anderen offene und ihn nicht schädigende Selbstsicht vollziehen. Mit diesem positiven Egoismus entwinde ich mich einem negativen, weil sich selbst anderen gegenüber verschließenden Egoismus.

Der negative, weil in sich selbst gefangene und der positive, weil offene Egoist haben etwas Zentrales gemeinsam: Jeder stellt sich in den Mittelpunkt seines Lebens. Nur: In ihrer inneren Ausrichtung sind sie grundverschieden:

Der negative »Klassiker« dreht sich mit dem Blick nach außen um sich selbst, er schaut, was zu kriegen ist. Er scheut den Krieg nicht, wenn er etwas vom anderen nehmen kann. Er hat ein Interesse am *Haben*.

Der sich Selbst-Annehmende und sich so Selbst-Liebende richtet seinen Blick auf sich selbst und wirkt in alle Richtungen: Er teilt sich mit, sein Wissen, seine Einsichten. Er tut Dinge für sich selbst und Dinge für andere, einfach weil er sie ihnen geben, sie mit ihnen teilen will. Er hat ein Interesse an seinem *Sein*.[48]

»Kennen Sie«, schrieb der Theologe Karl Barth dem Schriftsteller Carl Zuckmayer, beide schon hochbetagt, »die hübsche Anekdote von Pablo Casals? Der Mann ist 90 Jahre alt, also erheblich älter als wir beide, und übt immer noch täglich vier bis fünf Stunden. Gefragt, wozu, antwortete der spanische Cellist und Komponist: ›Weil ich den Eindruck habe, ich mache Fortschritte.‹ «[49] Warum sollte diese lebenslange Chance für das Ziel des sozialen Lernens nicht gelten?

Es ist immer der Mensch *mit* dem Menschen. Es sind immer die Interessen, Bedürfnisse und Wünsche des einen mit dem anderen. Es ist immer das Ich *mit* dem Du. Und das heißt, wir können uns nicht nur immer genauer auf die Schliche kommen, wir können auch den Andersdenkenden immer mehr verstehen und seine Situation nachvollziehen (sein Situiertsein als Verknüpfung von Umständen, die ihn um-stehen, um-stellen und so zu seiner Um-welt und zum Zustand der Welt gehören).

Nur ist das Verstehen nicht ganz so einfach. Und eine der Fallen, in die auch der Mediator tappen kann, ist die, dass er etwas, zum Beispiel die Interessen eines Teilnehmers, zu schnell als geklärt ansieht. Die Subjektivität jedes Einzelnen von uns ist einmalig und vielschichtig. Ihn zu verstehen ist eine Herausforderung.

Die Silbe »ver« bedeutet unter anderem so viel wie »weg«. Gemeint ist damit, ich muss, um den anderen anders als bisher verstehen zu können, mich von meinem Platz weg-begeben, näher zum anderen hingehen. Ich muss, um mich verständigen zu können, mich gleichsam in den anderen hineinversetzen, zum Beispiel in seine Biografie, seine Familie, seinen Alltag, seine Firma, seine kulturelle Herkunft. Ich brauche nicht nur Empathie als einfühlendes Verstehen, es muss mir auch möglich sein, meinen Standpunkt als quasi sichere Burg zu verlassen. Ich kann selbst ein Stück weit loslassen, eine Selbst-losigkeit zulassen. Echtes Verstehen fordert mich heraus aus meiner (Verhaltens-)Burg, um mich dem Standpunkt des anderen nähern zu können, für den dieselbe »Bewegungstherapie« gilt. Das Ergebnis kann eine gemeinsame Annäherung der Standpunkte mit dem Ziel einer möglichen Kooperation sein. Zum anderen zu kommen, zu seinen Interessen, ist ebenfalls Teil des Königsweges, der keiner wäre, wenn mir der Zugang zu Gefühlen versperrt bliebe, vielleicht durch einen rationalen Stolperdraht.

Insbesondere in der Paar- und Familienbeziehung wird häufig mit »typisch Mann« oder »typisch Frau« argumentiert, zum Beispiel so, dass Männer es nicht gelernt haben, Gefühle wahrzunehmen oder darüber zu sprechen. Zwar sind »Typisch-Klassifizierungen« meist nicht hilfreich, weil sie Möglichkeiten zur Entwicklung eher ausschließen, Lebensimpressionen bestätigen aber unterschiedliche Gefühlsexpressionen von Mann und Frau.

Nehmen wir als Akteure beispielsweise die Eheleute Jansen. Bestätigt zum Beispiel Herr Jansen ein Wahrnehmungs- oder Artikulationsdefizit von Gefühlen durch Schweigen oder in seinen

Antworten und stockt dadurch die Mediation, wird die Mediatorin das aufgreifen, indem sie zum Beispiel sagt:

»Eine der möglichen Erklärungen, warum Männer nicht so offen über ihre Gefühle reden oder sie vielleicht gar nicht ins Bewusstsein kommen lassen, könnte vielleicht sein: Wenn Jungen im Alter von zwei bis vier Jahren erkennen, dass sie ganz anders sind als ihre Mutter, fangen sie an, nach Identifikationsmöglichkeiten zu suchen. Und wenn dann vielleicht kein männliches Ergänzungsbild da ist, definieren sie sich dadurch, dass sie sich abgrenzen. Das heißt: Wenn die Mutter nun fürsorglich und liebevoll ist und auch mal weint, also Gefühle zeigt, dann darf ich das als Junge nicht, ich muss quasi das Gegenteil sein. Damit grenzen sich Männer auch gegenüber Anteilen in sich selber ab, die sie subjektiv als weiblich deuten, zum Beispiel zu weinen. Ein Bub weint nicht, der ist ja groß und stark. Für *mich* beinhaltet das Bild vom ›starken Mann‹ eher, dass Männer in einer von Männern geschaffenen Fortschrittswelt nicht leiden können oder dürfen. Männer haben Stärken und Schwächen, ebenso wie Frauen. Sie sind keine besseren oder schlechteren Menschen.[50] Männer sind anders. Frauen auch, heißt es zumindest in einem Buch.«

Wenn sich nach einem Innehalten nichts tut, könnte die Mediatorin vielleicht fortfahren:

»Und Männer und Frauen haben ja auch eine unterschiedliche Sozialisation. Neu im Vergleich zu früheren Gesellschaften ist die Rollenverteilung. Immer mehr Frauen bewegen sich heute zwischen Beruf, Haushalt und Kindererziehung, und ›bewegte Männer‹ versuchen sich zum Beispiel als Hausmann auf den Weg zu sich selbst zu machen. Da gibt es auch neue Rollen. Aber immer, glaube ich, leben die Beziehungen vom Austausch der Gefühle und dass wir versuchen, einander auch zu sagen, was uns freut oder wehtut, wie es uns geht. Und ich bin ja auch noch da als Katalysator – Herr Jansen, wie geht es Ihnen?«

Die fall- und problemspezifische Interessenklärung wird nicht oder zumindest nicht sofort das Rad meines Lebens neu erfinden, neue Wege wird die Mediation erschließen. Es liegt an uns, zu spuren, nachzuspüren, ob wir auf der richtigen Fährte sind mit uns und anderen und ob wir uns unsere Bedürfnisse und Interessen sozialverträglich erfüllen. Auch der König ist auf seinem Weg nicht immer gleich zu Hause.

Viel Porzellan geht zu Bruch, wenn wir ungeduldig sind. Der Ungeduldige sieht quasi nur Momentaufnahmen der Wirklichkeit, er sieht nicht die Weite möglicher Lösungsfelder. Geduld ist ein Nährboden, auf dem Neues in unser Leben hineinwachsen kann. Gerade im Hören und Verstehen der gegenseitigen Interessen können wir eine eigene Transformation erfahren: weg vom äußeren, funktionsmäßig angespannten Leben (»Wenn ich das nicht selber mache, wird das nie etwas«), hin zu einer innerlich entspannten oder entspannteren Haltung.[51] Geduld lässt auch Umwege zu. Erkennen wir unsere Interessen und Bedürfnisse wechselseitig an, kann eine Vergrößerung des Verteilungskuchens stattfinden, Kooperationen können sich auftun. Was da denkbar wäre und wie das konkret aussehen könnte, wird in der Phase 4 geklärt.

# Die Phase 4:
## Die kreative Ideensuche/ Bildung von Optionen auf der Grundlage der Interessen

Der Schriftsteller Robert Musil entwirft in seinem unvollendeten Hauptwerk *Der Mann ohne Eigenschaften*[52] ein Kaleidoskop unter anderem des moralischen Weltzustandes. Er stellt seine Romanhelden, die Geschwister Ulrich und Agathe, den Wirklichkeitsmenschen als Möglichkeitsmenschen gegenüber: Wenn es einen Wirklichkeitssinn gibt, der seine Daseinsberechtigung hat, muss es auch einen Möglichkeitssinn geben. Wer ihn hat, sagt zum Beispiel nicht, dass hier dieses oder jenes geschieht oder geschehen muss. Er er-findet: Hier sollte, könnte, müsste etwas anderes, Neues geschehen. Wir können kreativ, schöpferisch sein. Wer kreative Ideen entwickelt, eröffnet Optionen, also (Wahl-)Möglichkeiten für Lösungen, und das heißt: Es gibt für jede Konflikt- oder Problemsituation nicht nur eine einzige oder einzig richtige Lösung.

Je kreativer wir sind, desto mehr Lösungsmöglichkeiten werden sich ergeben. In der Kreativität entwickeln wir Lösungsoptionen, wobei die Kreativität von verschiedenen Faktoren beeinflusst wird, zum Beispiel vom Umfeld, dem Menschen, dem kreativen Prozess (zu schnelle Lösungen können die Er-findung weiterer Ideen verhindern) oder dem Produkt (»Was mache ich eigentlich, ist das kreativ?«).

1. *Inhaltlich* gilt es Ideen zu sammeln, aus denen sich auf der Grundlage der Interessen neue und vielfältige Optionen bilden, um so den Verhandlungsspielraum, die Verteilungsmasse, den Verteilungskuchen zu vergrößern.

2. *Methodisch* verhelfen dazu unter anderem Kreativfragen,[53] zum Beispiel

- Hypothesenfragen, um Ideen auszulösen (»Was wäre denkbar, Volker, und auch für Sie, Thomas, aus ihren chilenischen Erfahrungen heraus, die Belegschaft neu zu motivieren?«),
- zukunftsorientierte Fragen (»Frau Cordes, stellen Sie sich vor, Sie hätten alle Macht und alles Geld der Welt. Wie sähe die Bewahrung des Lebenswerkes Ihres Mannes in Ihrem Wunschergebnis aus?«),
- Wunderfragen (»Stellen Sie sich vor, Christa, über Nacht ist ein Wunder geschehen und das Problem ist weg. Was wäre für Sie das erste Zeichen, dass so ein Wunder geschehen ist?«)
- Wunderergänzungsfragen, um Optionen noch weiter auszuarbeiten (»Wofür könnte das Wunder stehen? Wie könnten Sie sich alle dem annähern?«),
- zirkuläre Fragen (»Wenn sich das Problem gelöst hat, woran würden die Mitarbeiter das merken?«).

Ebenso lösungsfördernd sind die auch außerhalb der Mediation erprobten Kreativtechniken,[54] die davon leben, dass viele Köpfe viele Ideen haben, so unter anderem

**die *Assoziationstechniken*,** zum Beispiel

- das Brainstorming
- das Brainwriting, zum Beispiel als
  - Decision center
  - Methode 635
  - Mind-Mapping
- die Brainwriting-Varianten Brainwalking und Brainstomp

**die *Imaginationstechniken*,** zum Beispiel

- das Rollenspiel
- die sechs Denkhüte
- die drei Denkstühle

**die *Techniken der systematischen Ideensuche,*** zum Beispiel

- die Osborn-Checkliste
- die Umkehrmethode

**die *Bild- und Analogietechniken,*** zum Beispiel

- die Bisoziation
- die Bionik

**die *Reizwortmethode***

**das *vernetzte Denken***

Kreativtechniken werden in der Mediation je nach Gruppe und Situation eingesetzt. Der Mediator wird berücksichtigen, dass es bei uns Menschen auch Sperren gibt, zum Beispiel Auffassungssperren, emotionale, kulturelle Sperren oder Fantasiesperren, genauso, wie es drei Grundtypen gibt, wenn es um die Kreativität geht: die Entdecker (sie sind in der Minderheit), die Analysierer (besteht eine Mediationsrunde nur aus Analysierern, hat das ganze Mediationsverfahren geringe Erfolgsaussichten) und die Realisierer. Es muss eine Technik gewählt werden, die zu den Teilnehmern passt und die nicht befremdlich wirkt.

Die *Assoziationstechniken* verknüpfen bereits in uns vorhandene Informationen und Vorstellungen mit neuen Ideen, Inhalten und Bildern. Es kommt zu Verbindungen, die weitere Assoziationen hervorrufen. Die wohl bekannteste Assoziationstechnik ist das *Brainstorming.*

Die Routine als eingefahrene Route hindert uns daran, der Fantasie bei der Realisierung unserer Interessen Spielräume zu lassen. Die von Alexander Osborn entwickelte (und für bis ca. zwölf Teilnehmer geeignete) Methode des Brainstormings, also des »Geistesblitzes«, des »Gedankensturmes«, begleitet der Mediator eher als Moderator, indem er (wie bei fast allen Kreativtechniken) durch die »Sendung«, das heißt durch die Aussendung dessen führt, was die Teilnehmer von sich geben.

Frau Cordes, Christa, Volker und Thomas können nach dem Motto »Was wäre denkbar«? ohne Rücksicht auf Verluste sagen, was ihnen zu den eigenen Interessen und Bedürfnissen und den der anderen spontan einfällt.

Mediator: »Dabei können Sie auch Abstruses, Absurdes, Verrücktes oder was sonst das normale Maß verlässt, frei und ungehemmt äußern. Ich werde es auf dem Flipchart notieren. Würde ich Karten beschriften und an die Pinnwand heften, so würde das so viel Zeit kosten, dass Ihrem Sturm zwischenzeitlich die Luft ausgeht. Ihre Beiträge, Frau Cordes, und Ihre, Christa, Volker, Thomas, ordne ich Ihnen nicht persönlich zu. Sie müssen diese auch nicht begründen oder rechtfertigen und sind später auch nicht an Ihre Idee gebunden. Es gibt auch kein Copyright, der Ideendiebstahl ist erwünscht: Jeder kann seine oder andere Ideen ohne jede Diskussion übernehmen, verändern, vermischen. Quantität geht vor Qualität. Das Zauberwort für jede Kreativtechnik heißt: nicht bewerten. Als eine der wenigen Regeln gilt, dass Killerphrasen nicht erlaubt sind, zum Beispiel › Das haben wir noch nie gemacht‹, ›So kommen wir da nicht hin‹ oder ›Von dir hätte ich das am allerwenigsten erwartet‹, weil solche Aussagen eher die Emotionen wecken statt die Kreativität. Und bitte: Sind Sie nicht zu schnell zufrieden mit dem Ertrag Ihres Brainstormings, weil nur so die erstbeste plausibel klingende Idee zur zweit-, dritt- oder siebtbesten werden kann.«

Herrscht mal Flaute, dann kann der Mediator in seiner richtig verstandenen Haltung als Klärungshelfer an dieser Stelle dem Lösungs-Rettungsboot eine allparteilich frische Brise schicken – vor allem in den USA ist das in Wirtschafts- und Umweltmediationen gang und gäbe –, indem er zum Beispiel sagt: »Ich habe das Gefühl, wir sind momentan festgefahren. Wie kommen wir raus? Ich habe eine Idee, die hört sich vielleicht ungewöhnlich an, aber aus Erfahrung weiß ich, dass es funktioniert ...«

Für alle Kreativtechniken ist wichtig, dass sie nicht zu sehr von den Bedürfnissen und Interessen wegführen, also dass die Teilnehmer nicht plötzlich an der Lösung der Probleme des Sudan arbeiten. In der Familie Cordes sieht das Ergebnis des auf dem Flipchart visualisierten Brainstormings so aus:

*Volker führt alleine die Firma*
*Christa führt alleine die Firma*
*Auftrag CENA sofort alle unterzeichnen*
*Software Cor nach CENA-Auftrag verkaufen*
*Christa übernimmt Marketing*
*Volker wird Personalchef*
*Kreditaufnahme nach Auftragssicherung*
*andere Geldquellen erschließen*
*Beteiligungskapital suchen (stille Gesellschafter)*
*Fusionspartner nach Auftragsunterzeichnung suchen*
*Lebensversicherung des Vaters einsetzen*
*Thomas beliefert CENA*
*Christa und Volker sind beide Geschäftsführer*
*Firma in Konkurs gehen lassen, anschließend Neugründung*
*Unternehmensberater einschalten*
*Hornbach wird Geschäftsführer*
*Besprechung aller mit Hornbach vor/nach Auftrag*
*Frühwarnsystem zur Vermeidung von Firmenturbulenzen*
*Betriebsversammlung einberufen*
*alle (Thomas?) informieren Belegschaft über Ergebnisse der Mediation, soweit sie Firma betreffen*
*bei IHK wegen Geschäftsführer nachfragen*
*Software Cor in Kapitalgesellschaft umwandeln*
*Volker macht Managerlehrgang*
*besucht Alkoholtherapie*
*Gesellschaft mit CENA gründen zur Verwertung der Software*
*Christa gibt Job auf*
*Christas Mann macht Computer-Kunst*
*er kooperiert mit Software Cor*

*Thomas kehrt zurück*
*Personal einsparen*
*kein Personalabbau*

Noch mehr Ideen kann manchmal das *Brainwriting* (der Teilnehmer schreibt seine Brainstorming-Ideen selbst auf) zum Beispiel dann schaffen, wenn sozialer Druck in der Teilnehmerrunde eine Rolle spielt. Insbesondere in Wirtschaftsmediationen, in denen hierarchische Strukturen die Sach- und Beziehungsebene beeinflussen, erweitert die Methode des *Decisioncenter* als anonyme Form des Brainstormings die Wahlmöglichkeiten. So werden zum Beispiel bei vernetzten Computern innerhalb einer bestimmten Zeitspanne Ideen und Vorschläge in eine für alle zugängliche Datei geschrieben. Zum Schluss werden sie zusammengestellt und ohne Kenntnis der Autoren in der Phase 5 bewertet und ausgewählt.

Ebenfalls zum Brainwriting gehört die *Methode 635*. Vom Namen her für 6 Teilnehmer ausgelegt, schreiben diese je 3 Lösungsideen in 5 Minuten auf ein 6-zeiliges Blatt. Jede Zeile ist durch zwei senkrechte Linien in 3 gleich große Felder unterteilt:

| | | |
|---|---|---|
| | | |
| | | |
| | | |
| | | |
| | | |
| | | |

Jeder Teilnehmer hat ein Blatt und kann 3 Vorschläge in eine Zeile eintragen. Nach 5 Minuten geben Sie das Blatt an einen Nachbarn weiter und erhalten vom anderen Nachbarn ein jetzt schon mit 3 Ideen beschriebenes anderes Blatt. Hat jeder immer 3 Vorschläge eingetragen – übernehmen, verknüpfen, weiterführen ist wieder erlaubt und erwünscht –, kommen bei 6 Teilnehmern 108 Ideen zustande. Bei mehr oder weniger Teilnehmern benötigen Sie die entsprechende Zeilenzahl.

Eine Variante des Brainwriting ist unter anderem das *Brainwalking*, bei dem die umhergehenden Teilnehmer ihre Ideen auf themenidentische Flipchartblätter schreiben, wobei jeweils ein Blatt für zwei bis drei Teilnehmer reserviert ist. Beim *Brainstomp* kommt Musik dazu. Die Teilnehmer, jeder hat ca. 15 Karten, bewegen sich (auch singend) rhythmisch im Raum und gehen dann, musikalisch begleitet, schweigend um einen Tisch, auf dem sie ihre Ideenkarten ablegen.

Auch das *Mind-Mapping* ist eine Visualisierungsmethode des Brainwriting. Die Mind-Map-Methode (englisch *map* = Landkarte) berücksichtigt, dass unser Verstand, Gedächtnis (englisch *mind*) bildhaft denkt und bildhaft strukturiert. Jedes Thema, zum Beispiel der »Umgang mit dem Auftrag CENA«, kann abgebildet werden. Das Thema ist der umrahmte Mittelpunkt. Von ihm gehen Äste für Hauptaspekte, Ziele, Vorteile oder Sonstiges aus, an denen Verzweigungen mit Einzelheiten oder Unterpunkten angebracht werden. So können auch in Zeichen und Symbolen wesentliche Gedankenlinien und die Verbindungen zwischen ihnen vor Augen gestellt und ergänzt werden. Die Vorteile der Visualisierung können greifen.

*Imaginationstechniken* nutzen das Vermögen, uns in bestimmte Situationen, Personen, Rollen oder sonstige Gegebenheiten hineinzuversetzen.

Im *Rollenspiel* zum Beispiel könnte Christa als Vertreterin für Elektrozahnbürsten möglicherweise nicht nur Volkers bisheriges Verhalten verständlicher werden oder umgekehrt Volker als Wirtschaftsprüfer und Familienvater Christas Situation besser verstehen, es lassen sich auch zukünftige Umgangs- und Verhaltensweisen (an-)spielen. Rollenspiele geben den Teilnehmern beispielsweise die Möglichkeit, kooperativer als bisher zu verhandeln und Beziehungen spielerisch aufzubauen. Eine Spielsituation – der Mediator wird darauf achten, ob die Teilnehmer das Spiel wollen oder nur mit den Augen rollen – bietet immer die Chance zu kreativen, unorthodoxen und spektakulären Lösungsansätzen, über die »im richtigen Leben« nicht gesprochen worden wäre.

Solche Ansätze kann auch de Bonos Methode *Die sechs Denkhüte* produzieren, in der die sechs Aspekte

- Neutralität
- Gefühle
- Bedenken
- Optimismus
- Kreativität
- übergeordnete Perspektive

unter je einen farbverschiedenen Hut gebracht werden (möglich sind auch Karten, Armbinden oder Ähnliches). Jeder Teilnehmer identifiziert sich mit dem Aspekt seines Hutes und argumentiert aus diesem Aspekt heraus. Ob ein Hutwechsel unter den Teilnehmern stattfindet, bleibt freigestellt. Bei Problemen in der Diskussion gibt die übergeordnete Perspektive – sie kann vom Mediator »behütet« sein, muss es aber nicht – die Möglichkeit zu Veränderungsvorschlägen.

Auch bei der von Walt Disney entwickelten Methode *Die drei Denkstühle* geht es um die kreative Fantasie. Verschiedene Denkrichtungen, nämlich die eines

- Träumers
- Kritikers
- Realisten

werden je einem Stuhl zugeordnet. Hier würden zum Beispiel Thomas, Volker und Christa so wechseln, dass jeder mindestens einmal auf dem Träumer-, Kritiker- und Realistenstuhl sitzt und aus der jeweiligen Sicht heraus spricht.

Bei den *Techniken der systematischen Ideensuche* werden die kreativen Reserven durch ein betont verfahrensstrukturiertes, systematisches Vorgehen aktiviert.

So kann zum Beispiel ein Brainstorming durch die *Osborn-Checkliste* nachbearbeitet werden, wobei die zehn Punkte der Checkliste ausnahmslos zu prüfen sind und bei jedem Punkt zumindest eine Idee entwickelt wird:

1. Andere Verwendungen: »Gibt es andere Verwendungen? Wozu kann die Idee noch nützlich sein?«
2. Anpassung: »Welche Ähnlichkeiten bestehen zu anderen Dingen?«
3. Änderung: »Was lässt sich an ... verändern, anders gestalten, zum Beispiel in Farbe, Form, Bewegung, Klang etc.?«
4. Vergrößerung: Was lässt sich hinzufügen oder vergrößern?«
5. Verkleinerung: »Was lässt sich verkleinern oder reduzieren?«
6. Ersetzen: »Was lässt sich an ... ersetzen, zum Beispiel der Prozess, das Material, die Bedingungen?«
7. Umstellung: »Was lässt sich austauschen oder umgestalten?«
8. Umkehrung: »Geht es auch rückwärts anstatt vorwärts? Können Sie es auch umgekehrt machen? Und wenn Sie die Idee ins Gegenteil umdrehen?«
9. Kombinieren: »Lässt sich die Idee mit anderen verbinden?«
10. Transformieren: »Was lässt sich ändern, in einen anderen Zustand versetzen?«

Um eine »Erstverschlechterung« geht es bei der *Umkehrmethode*. Die Zielrichtung der Gedanken wird zunächst ins Gegenteil verkehrt, um dadurch zu kreativen Lösungsansätzen zu finden:

1. Der Mediator konfrontiert die Teilnehmer mit Anhaltspunkten, die den Teilnehmern Schaden bringen, quasi mit dem Szenario ihres Scheiterns: »Wie können Sie die Software Cor schnellstmöglich an die Wand fahren? Wie erreichen Sie, dass alles in einem menschlichen und finanziellen Desaster endet? Wie können Sie keinesfalls zu Ihren Interessen kommen?« Das ist die erste Umkehrung.
2. »Jetzt suchen Sie bitte, Sie, Frau Cordes, und alle anderen auch, nach Antworten auf diese destruktiven Umkehrfragen, zum Beispiel mit dem Brainstorming.«
3. »Kehren Sie nun die gefundenen destruktiven Ideen in ihr Gegenteil um. So kommen Sie zur kreativen Ideensuche zurück.« Das ist die zweite Umkehrung.

Die Mediation ist immer auf eine konstruktive oder kooperative Zukunft ausgerichtet. Auf dem lösungsbereitenden Weg dahin steht weiteres Hilfsgerät zur Verfügung.

Die *Bild- und Analogietechniken* vergleichen Merkmale und Denkdimensionen unterschiedlicher Bereiche miteinander und suchen synektisch (griechisch *synéchein* = verbinden, zusammenbringen) nach Gemeinsamkeiten zwischen ihnen.

Heute als *Bisoziation* bezeichnet, erfand Gutenberg so die Druckpresse: Er verband die Merkmale einer Weinpresse mit den Merkmalen eines Münzprägestempels. Mediationsteilnehmer können diese Kreativitätstechnik für sich anwenden, indem sie

1. das Problem definieren,
2. eine zweite Denkdimension suchen (Was ist so ähnlich wie das, was Sie erreichen wollen?),
3. nach Analogien und Gemeinsamkeiten suchen und
4. überprüfen: Funktioniert die Lösung für Ihr Problem?

Die *Bionik* als Zusammensetzung von *Bio*logie und Tech*nik* sucht Analogien für technische Probleme in den Bauprinzipien der Natur. Sie ist letztlich eine Unterform der Bisoziation und Ausnahmetechnik, die, wenn sie funktioniert, sehr effektiv sein kann. Die Haut eines Delphins gab den Anstoß für die Gestaltung der Oberfläche von U-Booten.

Eine Mischung aus Bisoziation und Assoziationstechniken ist die *Reizwortmethode* als synektische Konfrontationsmethode, die ein Problem verfremdet, um so zu Lösungsmöglichkeiten zu kommen. Mithilfe beliebiger, zum Beispiel zugerufener Reizwörter, etwa »Prügel«, »Teppich«, »Sonne«, »Autorennen«, »Katze« usw., werden »erzwungene« Verbindungen beispielsweise zum Thema »Geschäftsführung« hergestellt. Wird bei der Bionik ein Prinzip oft 1:1 übernommen, ist hier die Formel »Die Eigenschaft ... bringt mich auf die Idee ...« hilfreich. Unterschiedliche (Wissens-)Elemente werden zu interessanten neuen Ideen verschmolzen.

Die Erfahrung, dass mit der Betrachtung eines Problems aus verschiedenen Blickwinkeln und von verschiedenen Bezugspunkten her auch der Motor Kreativität gestartet werden kann, nutzt das *vernetzte Denken.* Viele Problem- und Konfliktlagen sind mit monokausalen oder linearen Denkmustern weder zu erfassen noch zu erklären. Gomez und Probst[55] haben nach Beobachtungen in Wirtschaftsunternehmen sieben Denkfehler bei den Versuchen, Probleme zu lösen, festgestellt und Ansätze des vernetzten Denkens zu ihrer Überwindung entwickelt:

*Der erste Denkfehler:* Probleme sind objektiv gegeben und müssen nur noch klar formuliert werden.

Der Ansatz des vernetzten Denkens ist,

- den jeweiligen Standpunkt eines Beobachters zu berücksichtigen,
- verschiedene Standpunkte einzunehmen und Abgrenzungen vorzunehmen,
- eine Situation immer wieder zu überdenken und möglichst vielfältig zu erfassen.

*Der zweite Denkfehler:* Jedes Problem ist die direkte Konsequenz einer einzigen Ursache.

Der Ansatz des vernetzten Denkens ist,

- Netzwerke aufzuzeichnen und zu durchschauen,
- Beziehungen, Interaktionen und Kreisläufe zu erfassen und zu analysieren,
- Netzwerke in ihren Eigenschaften und als Ganzheit zu verstehen.

*Der dritte Denkfehler:* Um eine Situation zu verstehen, genügt eine »Fotografie« des Ist-Zustandes.

Der Ansatz des vernetzten Denkens ist,

- stabilisierende und destabilisierende Beziehungen, Interaktionen und Kreisläufe zu erfassen,
- Stärke, Bedeutung und qualitative Eigenschaften der Beziehungen, Interaktionen und Kreisläufe zu analysieren,
- die Zeitaspekte einer Situation in die Überlegungen mit einzubeziehen.

*Der vierte Denkfehler:* Verhalten ist prognostizierbar; notwendig ist nur eine ausreichende Informationsbasis.

Der Ansatz des vernetzten Denkens ist,

- sensitiv zu werden für Verhaltensmöglichkeiten des Systems,
- mögliche zukünftige Muster oder Szenarien zu entwickeln,
- die Chancen und Gefahren sowie die Stärken und Schwächen in den verschiedenen Kontexten zu überdenken und zu beurteilen.

*Der fünfte Denkfehler:* Problemsituationen lassen sich »beherrschen«, es stellt sich lediglich die Frage des Aufwandes.

Der Ansatz des vernetzten Denkens ist,

- die aus der Stellung des Beobachters möglichen und lenkbaren Aspekte sorgfältig zu eruieren,
- die Zusammenhänge mit anderen Größen aufzuzeichnen,
- Strategien zu entwerfen, die im Kontext Sinn machen und Sinn geben.

*Der sechste Denkfehler:* Ein »Macher« kann jede Problemlösung in der Praxis durchsetzen.

Der Ansatz des vernetzten Denkens ist,

- die Gesetzmäßigkeiten des Systems, in das eingegriffen wird, zu beachten,
- die Kräfte und spezifischen Eigenschaften des Systems zu nutzen,
- zum richtigen Zeitpunkt an der richtigen Stelle etwas geschehen zu lassen.

*Der siebte Denkfehler:* Mit der Einführung einer Lösung kann das Problem endgültig ad acta gelegt werden.

Der Ansatz des vernetzten Denkens ist,

- Problemlösungen möglichst flexibel und lernfähig zu gestalten,
- die Situation in ihrer Entwicklung zu überwachen,
- sensitiv und kreativ zu sein für schwache Signale neuer Problemsituationen.

Mitentscheidend für die Beantwortung der Frage, welche Kreativtechniken der Mediator den Teilnehmern vorschlägt, ist, welche Techniken – auf der Grundlage seiner Situationsbeurteilung – im Einzelfall am wirkungsvollsten das Ziel der Phase 4 erreichen lassen.

3. Das *übergeordnete Ziel* der Phase 4 ist, gewohnte Denkmuster zu überwinden und kreative Reserven zu aktivieren, um so letztlich die Handlungsbahnen der Vernunft zu erweitern.

Die kreative Ideensuche ist ein innerer Prozess, der uns befähigt, noch weiter als bisher über den eigenen Tellerrand hinauszublicken und Lösungsangebote zu schaffen, die in der Phase 5 zum Wohle aller ausgewählt und bewertet werden.

# Die Phase 5:

## Die Bewertung und Auswahl der Optionen auf der Grundlage der Interessen als Schritt der Einigung auf eine Regelung oder Lösung

Jetzt geht es darum, aus den unterschiedlichen Optionen diejenigen herauszufiltern, die mit den Interessen wirk-lich vereinbar und umsetzbar sind.

1. *Inhaltlich* gilt es im Einzelnen,

- die durch neue Argumente und Einsichten erweiterten Lösungsmöglichkeiten auf der Grundlage der Interessen zu bewerten und auszuwählen,
- eine für alle akzeptable Regelung oder Lösung des Konflikts durch eine Interessenvermittlung beziehungsweise einen Interessenausgleich zu entwickeln,
- die unter anderem organisatorische, technische, finanzielle, wirtschaftliche, ökologische, soziale, betriebliche oder juristische Machbarkeit des gefundenen Ergebnisses zu prüfen.

2. *Methodisch* bringen neben speziellen Fragetechniken die Operationalisierungstechniken (»Wie können wir es realisieren?«) die Einigung auf eine Regelung oder Lösung voran, unter anderem

- die Anwendung der in Phase 1 festgelegten Bewertungskriterien
- die PMI-Methode (Plus – Minus – Interessant)
- der Aktionsplan

- das Reframing
- integrative Verhandlungstechniken, zum Beispiel
  - Kompensationen
  - Paketlösungen
  - Stimmentausch (Logrolling)
  - Bridging

Frau Cordes und Christa, Volker und Thomas, die nun die erreichten Optionen kritisch unter die Lupe nehmen, sind froh, jetzt nicht weiter an der Klärung der Bewertungskriterien arbeiten zu müssen. Der Mediator erinnert an die Fairness, die Gerechtigkeit und Gleichheit, die Effizienz und sachliche Vernunft.

Thomas: »Jetzt verstehe ich Ihren Optimismus, als Sie, ich glaube, in der ersten Sitzung, davon sprachen, die Früchte unserer Arbeit einzusammeln.«

Mediator: »Und Sie wissen ja aus eigener Erfahrung, dass und wie die Spreu vom Weizen zu trennen ist.«

Alle gehen als Erstes die auf dem Flipchart stehenden Brainstorming-Ergebnisse durch und streichen – der Mediator ist Protokollant – die Ideen/Optionen, die nach dem bisherigen Verlauf für eine Einigung ausscheiden, zum Beispiel »Software Cor nach CENA-Auftrag verkaufen«, »Firma in Konkurs gehen lassen«, »Hornbach wird Geschäftsführer«, »Thomas kehrt zurück«, »bei IHK wegen Geschäftsführer nachfragen«. Auf Vorschlag des Mediators, der die Verhandlungen über die Lösungsvorschläge strukturiert, wählen die Teilnehmer aus den verbleibenden Lösungsoptionen diejenigen, die ihnen für eine mögliche Einigung geeignet erscheinen, und gewichten sie zum Beispiel durch Vergabe von Punkten oder Unterstreichungen und einigen sich auf Optionen, die sozusagen in die Endausscheidung kommen. Für diese wendet der Mediator auf einem Flipchart die *PMI-Methode* an:

Er schreibt die Lösungsoption, um die es gehen soll, zum Beispiel »Christa und Volker sind beide Geschäftsführer«, als Überschrift über ein Schema, das aus einer Plus-, einer Minus- und einer Interessant-Spalte besteht.

In der Plus-Spalte notiert er alle von Frau Cordes und Christa, Volker und Thomas erkannten positiven Aspekte und erhofften Folgen, zum Beispiel die Bündelung der Erfahrung und Kompetenz, die Christa und Volker, beide auf ihre Weise, erworben haben. Frau Cordes sieht unter anderem den Familienfrieden gewahrt.

Für die Minus-Spalte nennen die Teilnehmer mögliche unerwünschte Folgen und Nebenwirkungen, zum Beispiel die Gefahr des Nummer-eins-sein-Wollens und Hornbachs Probleme mit Christa als Chefin oder erhöhte Geschäftsführerkosten.

In der Interessant-Spalte werden Umsetzungsaspekte und Wirkungen festgehalten, deren Bewertung noch unklar ist, zum Beispiel wie eine Doppelgeschäftsführung von Christa und Volker bei den Banken wirkt. Der Gefahr des Nummer-eins-sein-Wollens begegnen Christa und Volker mit einem vom Mediator angesprochenen *Aktionsplan*: Wer macht was wie mit wem bis wann?

Im besonderen Maße hilfreich für ein entlastendes Miteinander ist auch das *Reframing,* das, wie alle Operationalisierungstechniken, nicht nur in der Mediation gute Wirkungen entfaltet. Das Reframing (englisch *frame* = Rahmen) ist die Fähigkeit, einer Situation, einem Streit, einem Konflikt einen anderen Rahmen zu geben. Es geht um ein »kontextuelles Umdeuten«. Der gedankliche Ansatz ist: Wo liegt zunächst der verborgene Nutzen einer Störung, zum Beispiel für den Einzelnen, die Familie oder Gruppe, den Betrieb?

Hätte sich beispielsweise der Konflikt zwischen Christa und Volker so verhärtet, dass er sich auf die ganze Belegschaft lähmend oder polarisierend auswirkt, dann sucht Reframing nach dem versteckten Nutzen, den beide von der Aufrechterhaltung des Konfliktes haben. Oder anders ausgedrückt: Was wäre der Nachteil, den einer davon hätte, wenn er den Zustand ändern würde?

Nehmen wir an, beide, Christa und Volker, halten Nachgeben für Schwäche, hätten also ihrer Meinung nach einen Nachteil, wenn sie ihr Verhalten ändern, zum Beispiel einlenken würden. Eine Umdeutung sähe so aus, dass die »Schwäche« (das Nachgeben) als Stärke formuliert wird (nicht manipulativ, sondern als echte Möglichkeit, zum Beispiel Souveränität zu zeigen oder die Verantwortung gegenüber der Belegschaft wahrzunehmen) und nach einem Weg des Miteinander gesucht wird (wie es bei der gemeinsamen Geschäftsführung geschieht), ohne dass einer der beiden sein Gesicht verliert. Beide müssen sich nicht »schwach« vorkommen, weil Nachgeben hier keine Schwäche ist. Das Reframing ermöglicht den Mediationsteilnehmern, flexibles, kreatives Denken anhand der eigenen Situation zu schulen.[56]

Nun sind nicht alle so »plus-orientiert« oder »aktions-planend« wie Christa und Volker. Es gibt auch ein unkooperatives Verhandlungsverhalten. William Ury[57] empfiehlt dazu folgendes Reframing:

- Blockierungen umgehen
  - Blockierungen ignorieren
  - Blockierungen als Inspiration uminterpretieren
  - Blockierungen ernst nehmen, aber testen

- Attacken ausweichen
  - Attacken auf die eigene Person als Attacke auf das gemeinsame Problem uminterpretieren
  - Attacken auf die eigene Person als freundlich uminterpretieren
  - von Vorwürfen über eigene Fehler in der Vergangenheit zu zukünftigem Vorgehen überleiten

Die so veränderten Blockierungen oder Attacken – ein Perspektivenwechsel – zielen in der Spur des Harvard-Konzeptes auf den Erhalt der Chance, weiterhin über ein interessenorientiertes Verhandeln eine Problemlösung zu finden.

Das Reframing im Transformationsansatz bedeutet, den Rahmen der Sichtweise und Bewertung zu verändern, um über Empowerment und Recognition zu einem erweiterten Verständnis menschlicher, und das heißt immer auch sozialer Gedanken- und Sinnzusammenhänge zu kommen. Vor allem die biografisch verschiedenen Einzelsituationen Christas (ihre Familie), Volkers (seine Identitätssuche) und Thomas' (sein Lebensentwurf) können im Transformationsansatz in einer Weise wechselseitig verstanden werden (mit möglichen Einigungsschritten), wie dies im Harvard-Ansatz nicht möglich ist. In diesem Verständnis (Empathie!) gründen für die Zukunft nachhaltig stabile Beziehungen.

Deshalb ist der Transformationsansatz sowohl eine notwendige Ergänzung des Harvard-Konzeptes als auch eine eigenständige Bereicherung. Hier können die Inhalte der Fairness, der Gerechtigkeit und Gleichheit, der Effizienz und Vernunft neben dem »Vierklang« als Grundhaltungen, nicht nur als Bewertungskriterien, viel persönlichkeitsnäher verstanden und letztlich zu Wesensmerkmalen der Mediation werden.

Deutlich zurück in die Spur des Harvard-Konzeptes führt das *integrative Verhandeln,* das neue Ideen und Aspekte mit einbezieht, um für die Interessen der Teilnehmer zumindest einen Ausgleich zu erzielen. Es will, anders als das distributive Verhandeln – dieses verteilt nur den immer schon vorhandenen Kuchen mit der Folge, dass um das größte Stück als Nullsummenspiel gewetteifert beziehungsweise gestritten wird –, zum Beispiel durch *Kompensationen* Ergebnisse erreichen, die allen helfen.

Kompensationen können *unspezifisch* sein in der Weise, dass eine Konfliktpartei ihre Interessen durchsetzt und die andere ersatzweise etwas erhält, was mit dem Konfliktfall nicht unmittelbar zusammenhängt, zum Beispiel bei der typischen Urlaubsfrage »Wohin geht es dieses Jahr?«: »Wenn wir ans Meer fahren, bekommst du eine Federboa.« Oder wenn bei einem Streit um eine geplante Müllverbrennungsanlage der Betreiber bereit ist, die Anwohner mit der Errichtung eines Hallenbades ruhig zu stellen.

Nur: Riecht das nicht nach faulem Kompromiss? Eines gilt immer: Erst wenn intensiv Argumente zum Beispiel über andere Reise- oder Entsorgungsalternativen ausgetauscht wurden, wächst die Bereitschaft zur Kompensation.

Eine *spezifische*, weil mit dem Konflikt (Gemeinde A errichtet eine Mülldeponie, Gemeinde B will auch ihren Müll liefern) in unmittelbarem Zusammenhang stehende Kompensation ist, wenn sich die Gemeinde B zum Beispiel an den Kosten beteiligt, die der Gemeinde A beim Bau der Zufahrtswege zur Deponie entstehen.

Eine rein *finanzielle* Kompensation ist gegeben, wenn durch Geldzahlungen die Nachteile eines Kompromisses abgefedert werden sollen. Hat aber der Empfänger zu viele Federn gelassen, sollte nicht mehr von Win-Win gesprochen werden.

Eine allgemein bewährte Operationalisierungstechnik sind auch die (in der Politik beliebten) *Paketverhandlungen*. Sind zum Beispiel bei den Themen die Interessengegensätze so massiv, dass Lösungen nicht gelingen, kann sich eine Einigungschance ergeben, wenn unterschiedliche Themen als Paket verhandelt werden: Jeder Teilnehmer kann für ihn wichtige Anliegen realisieren, wenn er zugleich auch Ergebnisse mitträgt, die für andere wichtig sind. Es geht dabei nicht darum, gegenseitig auf weniger wichtige Interessen zu verzichten. Es geht vielmehr um eine Verknüpfung, ein Koppelungsgeschäft, zum Beispiel ein neues Vergütungsmodell nur im Zusammenhang mit flexibleren Arbeitszeiten zu verhandeln.

Um den gegenseitigen Verzicht auf weniger wichtige Interessen geht es beim *Stimmentausch* (Logrolling). Für Volker ist das Thema »Rolle Hornbachs« für die Zukunft und aufs Ganze gesehen wichtiger als das Thema »Offenlegung«. Für Christa ist im Augenblick die »Offenlegung« vorrangig. Anstatt sich gegenseitig zu blockieren, geben beide bei dem für sie nicht so bedeutsamen Thema zugunsten eines besseren Ergebnisses bei dem für sie wichtigeren Thema nach.

Im *Bridging* als Möglichkeit, ihre eigentlichen Interessen zufrieden zu stellen, verknüpfen sie diese unterschiedlichen Interessen mit einer Und-Verbindung.

So können sie kooperativ vorankommen. In jeder Situation der Einigung auf eine Regelung oder Lösung unterstützt sie der Mediator weiterhin mit Fragetechniken,[58] zum Beispiel mit

- Operationalisierungsfragen, um Optionen weiter auszuarbeiten (»Wofür, Christa, könnte das bei der kreativen Ideensuche beschriebene ›Über-Nacht-Wunder‹ stehen?« »Wie könnten Sie, diese Frage gilt für alle, sich dem annähern?«),
- Evaluationsfragen, um das weitere Vorgehen und künftige Ausrichtungen zu erfassen (»Was sind für Sie, Volker, wichtige Vorteile bei einer gemeinsamen Geschäftsführung mit Christa?«),
- Skalafragen, um die subjektive Bewertung zum Beispiel einer Teillösung zu erkennen (»Christa, wenn Sie Punkte von 0 bis 10 vergeben könnten, wie würden Sie dann die jetzt sozusagen auf Probe vorgesehenen Entscheidungsstrukturen bewerten?« »Was muss passieren, damit Sie zwei Punkte mehr geben?«),
- konzentrierende Fragen, um am Wesentlichen zu bleiben (»Was sind für Sie, Frau Cordes, erstens, zweitens, drittens die entscheidenden Punkte?«),
- Alternativfragen, um Wahlmöglichkeiten zu vergleichen (»Und was, Thomas, wären die Probleme bei der anderen Variante?«),
- Tragfähigkeitsfragen, um die Realitätstauglichkeit und Realisierungschancen der Lösungsoptionen zu prüfen, also den Reality-Check durchzuführen (»Christa und Volker, wie können Sie das der Belegschaft vermitteln?«),
- Schlussfragen (geschlossen), um einen Punkt abzuschließen (»Haben wir dann alles, Christa, was Sie für ›Die nächsten Schritte‹ brauchen?«).

3. *Übergeordnetes Ziel* aller »Wie-können-wir-es-realisieren-Bemühungen« ist es, über immer mehr Handlungssouveränität und Entscheidungskompetenz zu verfügen, um dadurch mehr Fachmann, mehr Experte und so selbst eine Kapazität zu sein

für Beurteilungen und Entscheidungen, wie eine für alle Beteiligten machbare und vorteilhafte Einigung aussieht.

Die Machbarkeitsprüfung ist unverzichtbarer Teil einer Einigung auf eine Lösung. Ein Reality-Check, den die Teilnehmer in der Mediation als zum Beispiel finanziellen, betrieblichen oder sozialen Innen-Check selbst leisten können, ist gemäß der Logik der eigenverantwortlichen Lösungsfindung *vor* der in der Phase 6 erfolgenden Dokumentation des Mediationsergebnisses geboten. Ein solcher Innen-Check ist auch möglich, wenn rechtliche Instanzen, zum Beispiel in Umweltmediationen entscheidungsbefugte Vertreter von Verwaltungsbehörden, beteiligt und/oder Rechtsvertreter der Teilnehmer in Mediationen eingebunden sind. Das Ergebnis ihres Jura-Checks kann in Phase 5 bei der Einigung auf eine Lösung mit berücksichtigt und in Phase 6 in der Mediationsvereinbarung ausgedrückt werden. Die Vereinbarung erübrigt belastende Gerichtsverfahren (Zeit, Kosten, Nerven, Beziehungen, Kalkulations- und Planungsunsicherheit für Wirtschaftsunternehmen) und ist endgültig.

Ist ein (zum Beispiel technischer oder juristischer) Außen-Check notwendig, können ihn die Überprüfer umso genauer erfüllen, je zweifelsfreier sie den Willen der Teilnehmer kennen. Da diesen Willen die Mediationsvereinbarung dokumentiert, erscheint es sinnvoll – der Mediator steuert das Verfahren –, den Außen-Check erst nach der Abfassung der Mediationsvereinbarung (in der Phase 6) vorzunehmen und sein Ergebnis, wenn nötig, in Nachverhandlungen zu integrieren.

Die Praxis nimmt den Außen-Check häufig in der Phase 5 vor. Dazu bedarf es in der Regel einer wenigstens vorläufigen Aufzeichnung der beabsichtigten Vereinbarung, um zum Beispiel den Jura-Check durchführen zu können, der bei einer neutralen Stelle (zum Beispiel Rechtsauskunftsstellen) erfolgen kann oder den jeder Teilnehmer für sich durch seinen Interessenvertreter vornehmen lassen kann. Letzteres kann besonders dann kontraproduktiv werden, wenn mediationsferne Juristen, die bei der Lösungsfindung nicht dabei waren, zum Beispiel in Trennungs- oder Scheidungsfragen einer polarisierenden Berufslogik folgen (müssen), deren einseitiger und recognitionalloser Interessen(vertreter)blick mit dazu beiträgt, dass, bildlich gesprochen, Ungewissheit und Gefährdung auf hoher See nicht nur in Gerichtssäle, sondern auch in Mediationsräume schwappen und gesetzlich mögliche Wege, wenn nicht hinwegschwemmen, so doch aufweichen und oft schwerer begehbar machen.

Juristen, die sich den ungeschriebenen Gesetzen der Mediation öffnen (ungeschrieben, weil sie dem in der Vernunft erfahrbaren natürlichen Sittengesetz folgen, während die Rechtsnorm ein vom Menschen gesetztes, oft umgeschriebenes Gesetz ist), könnten ihre Checkliste im Hin-Blick auf beiderseits vorteilhafte und entlastende, im Gesetzesrahmen bleibende Ergebnisse erweitern.

Ein Ehepaar mit zwei Kindern, das die Mediation »durchläuft« und weiß, wie viel es monatlich netto verdient und was beide Partner und ihre Kinder brauchen, kann sich auch ohne die Unterhaltsberechnungen der »Düsseldorfer Tabelle« einigen (die es im Grunde nur für Konfliktparteien gibt, die sich nicht einigen können).

Häufig werden Mediatoren, wenn sie Juristen sind, von Teilnehmern gebeten, den Jura-Check gleich selbst vorzunehmen. Es dient der Klarheit und Glaubwürdigkeit des Mediators, der Geschlossenheit des Mediationsverfahrens und der Etablierung der Mediation als eigenes Berufsfeld, wenn der Mediator eine Grenze zieht und nicht auf juristisches Gebiet wechselt. Tut er es, sieht er sich mit der Tatsache konfrontiert, dass Rechtsfragen, die eines Checks bedürfen, von Richtern unterschiedlich beurteilt werden können und dass – unabhängig von der zweiten Honorarebene mit Streitwertfragen – neue Haftungsfragen beim Sprung zurück in das Jura-Gebiet entstehen.

Der Bundesverfassungsrichter und Juraprofessor Wolfgang Hoffmann-Riem, der in seinem Buch *Modernisierung von Recht und Justiz* die Mediation als Beispiel für eine neue Konfliktkultur empfiehlt, formuliert es so: »Ein Mensch, der ausgleicht, darf nicht irren; ein Mensch, der anderen hilft, den Ausgleich selbst zu finden, kann nicht irren.«[59] Aber selbst wenn sich ein Helfer irren sollte, ist diese Aussage richtig als Erinnerung daran, dass der Mensch das Instrumentarium zum Gelingen seines Lebens in sich trägt. Also könnte eine Empfehlung auch lauten: Mediator, bleibe im Mediationsland, nähre dich dort und helfe mit, dass das gewonnene Ergebnis in eine Form gegossen wird.

# Die Phase 6:

## Abschluss einer Vereinbarung als Dokumentation des Ergebnisses – Die Umsetzung der Vereinbarung

Das Einfache ist eine Meisterschaft, vergleichbar einem Werk, das sich so selbstverständlich präsentiert, dass wir ihm die Zweifel und Anstrengungen nicht ansehen, die sein Gelingen begleitet haben. Bewerkstelligt wurde bisher quasi innerlich die Entrümpelung des Konfliktgebäudes, ohne dass dies auch nach außen hin und für die Zukunft nachprüfbar wäre. Die Dokumentation des Werkes geschieht mit einer Vereinbarung, die »smart« ist im Sinne von

**S** pezifisch = auf den Einzelfall bezogen,
**M** easurable = messbar,
**A** chievable = ausführbar, umsetzbar, erreichbar,
**R** ealistisch,
**T** imed = zeitlich bestimmt.

1. *Inhaltlich* geht es in diesem Verfahrensschritt um

- die Ausarbeitung der Mediationsvereinbarung,
- gegebenenfalls Reality-Checks außerhalb der Mediation,
- eventuell notwendige Nachverhandlungen,
- die Klärung der Umsetzung der Vereinbarung,
- die Einigung auf eine Erfolgskontrolle.

2. *Methodisch* hilfreich sind unter anderem

- das Ein-Text-Verfahren,
- die Dokumentation,

- Berichte über die Umsetzung,
- Nachfolgetreffen.

Dem Expertenansatz der Teilnehmer entspricht es, wenn sie ihre eigenverantwortlich gewollte Lösung selbst abfassen. Das ist nicht jedermanns Erfahrungsfeld. Deshalb wird der Mediator die Teilnehmer unterstützen, zum Beispiel mit dem *Ein-Text-Verfahren*.

Insbesondere bei einer Vielzahl von Teilnehmern oder in komplexen Zusammenhängen ist es wichtig, dass sie sich jetzt nicht ver-zetteln, indem mehrere oder alle Teilnehmer unterschiedliche Vereinbarungsentwürfe präsentieren. Das wäre in diesem Stadium eine unerwünschte Visualisierung: Die Klärungsprozesse sind bereits entschieden. Die Mediatorin kann deshalb die innerlich vollzogene Einigung der Teilnehmer zum Beispiel in *einem* Textentwurf skizzieren, mit dem diese einverstanden sind oder den sie kritisieren und eventuell in mehreren Durchläufen so verbessern, dass am Ende alle zustimmen.

In Großverfahren, beispielsweise bei einem Fall der Flughafenerweiterung, wird es sinnvoll sein, wenn die einzelnen Arbeitskreise einen Forderungskatalog oder eine Zusammenfassung ihrer Sichtweise formulieren und im Forum zur Behandlung einreichen, in dem die Mediatoren das Ein-Text-Verfahren anwenden. Auch ein eigener Arbeitskreis – quasi als Redaktionskonferenz – ist für die Vorbereitung der endgültigen Mediationsvereinbarung hilfreich.

3. Das *übergeordnete Ziel* ist die Schaffung langfristig kooperativer Beziehungen.

Die von uns täglich besuchte »Schule des Lebens« macht Lernangebote, die uns, wenn wir sie annehmen, die Reifeprüfung bestehen lassen. Nur: Unser Vorrücken ist gefährdet, wenn wir uns ausklammern oder Fortschritte für utopisch halten.

Wie diese Fortschritte für die Zukunft entwicklungs- und tragfähig in der Familie Cordes aussehen, zeigt ihre nach vier Sitzungen erreichte Mediationsvereinbarung auf den nächsten Seiten.

**Mediationsvereinbarung**

zwischen

Frau Gerlinde Cordes, (Adresse)
Frau Christa Lehner-Cordes, (Adresse)
Herrn Volker Cordes, (Adresse)
Herrn Thomas Cordes, (Adresse)

Nach Durchführung einer Mediation, an der Frau Gerlinde Cordes, Frau Christa Lehner-Cordes, Herr Volker Cordes und Herr Thomas Cordes teilgenommen haben, vereinbaren sie Folgendes:

1.

Der derzeitige und zukünftige Umgang miteinander wird bestimmt von wechselseitiger Offenheit und solidarischer Kommunikation. Frau Christa Lehner-Cordes erhält uneingeschränkten Zugang zu den Firmenräumen und Geschäftsunterlagen, die sie innerhalb der nächsten drei Tage prüft. Frau Gerlinde Cordes und Herr Volker Cordes geben so weit wie möglich alle gewünschten Auskünfte. Die Teilnehmer sind darüber einig, dass sie den CENA-Vertrag danach unterschreiben.

2.

Frau Lehner-Cordes wird noch vor der Unterzeichnung versuchen, eventuelle Nachbesserungen, die sie für möglich hält, bei CENA zu erreichen, ohne aber den Abschluss mit CENA zu gefährden.

3.

Es besteht Einigkeit, dass Christa Lehner-Cordes und Volker Cordes bis zur vollständigen Abwicklung des CENA-Auftrages – sie gehen von zunächst sechs Monaten aus – gemeinsam die Geschäftsführung der Software Cor mit festen Aufgabenbereichen übernehmen.

Volker Cordes übernimmt die Bereiche

- Aquisition, auch mit Internet als Vertriebsschiene
- Verkauf
- Kundenberatungs- und Beschwerdemanagement
- Personalfragen

Christa Lehner-Cordes übernimmt die Bereiche

- Marketing (in Kooperation mit Volker)
- Strategische Ausrichtung
- Controlling als unternehmerische Steuerung
- Finanzen

Unter Einbeziehung von Herrn Hornbach entwickeln beide gemeinsam ein für die Firma Software Cor spezifisches Frühwarnsystem zur Vermeidung künftiger Wettbewerbsnachteile und wirtschaftlicher Schieflagen. Bankverhandlungen führen sie, falls von den Banken gewünscht, gemeinsam, andernfalls durch Frau Lehner-Cordes. Verläuft die Geschäftsabwicklung mit CENA reibungslos, werden Christa Lehner-Cordes und Volker Cordes gemeinsam wegen der Frage einer weiteren Verwertung der Software (Verwertungsgesellschaft) mit CENA Kontakt aufnehmen und außerdem eingehend die Möglichkeit einer Geschäftsbeziehung zwischen CENA und Thomas prüfen.

4.

Ihr Geschäftsführergehalt werden Christa Lehner-Cordes und Volker Cordes innerhalb der nächsten zwei Wochen und nach Rücksprache mit dem derzeitigen Steuerberater der Software Cor, Herrn Koller, paritätisch festlegen.

5.

Frau Lehner-Cordes wird mit der Wirtschaftsprüferkammer und ihrem Arbeitgeber die berufsrechtlichen und zeitlichen Rahmenbedingungen für ihre Geschäftsführertätigkeit klären (für die sechsmonatige Tätigkeit sieht sie keine Hindernisse) und nach Abwicklung des CENA-Auftrages über ihre berufliche Zukunft entscheiden, wobei die Option auf Fortführung der Geschäftsführertätigkeit besteht.

6.

Frau Christa Lehner-Cordes und Herr Volker Cordes sind darüber einig, dass sie ab Unterzeichnung dieser Vereinbarung bis zur vollständigen Abwicklung des CENA-Auftrages an jedem zweiten Montag um 8.00 Uhr zu einem Jour fixe zusammenkommen. Für jede Sitzung wird ein Protokoll erstellt und unterschrieben. Der Protokollinhalt ist für den Unterzeichner verbindlich. Inhalte des Jour fixe sind zum Beispiel: offener Erfahrungsaustausch im je eigenen Aufgabenbereich, Erkenntnisse aus dem Frühwarnsystem, Organisationsfragen, anstehende Aufgaben und Arbeiten, Klärung zwischenmenschlicher Unstimmigkeiten. Herr Hornbach wird beigezogen, wenn einer der beiden das wünscht. Auf die Einschaltung einer Unternehmensberatung wird derzeit verzichtet.

7.

In einer innerhalb von drei Tagen nach der Unterzeichnung des CENA-Auftrags stattfindenden Betriebsversammlung informieren Frau Cordes, Frau Lehner-Cordes und Herr Volker Cordes die Belegschaft über die Sechs-Monate-Regelung mit der Neuverteilung der Geschäftsführungsbereiche. Es besteht Einigkeit darüber, dass die Stellung Herrn Hornbachs zumindest für die Geltungsdauer dieser Vereinbarung unverändert bleiben soll und Frau Lehner-Cordes im persönlichen Gespräch mit Herrn Hornbach eventuell bestehende Vorurteile in ein kooperatives Engagement zu »reframen« sucht.

8.

Herr Thomas Cordes erhält aus der Lebensversicherung seines Vaters eine Vorabzahlung auf sein Erbe in Höhe von 20 000,– €. Über sein weiteres Vorgehen entscheidet er nach Vorliegen eines von Frau Gerlinde Cordes und Herrn Koller erstellten Nachlassstatus, wobei er die Einschaltung eines Rechtsanwaltes nicht ausschließt.

9.

Nach Abwicklung des Auftrages CENA werden Frau Lehner-Cordes und Herr Volker Cordes unter Berücksichtigung der bis dahin gemachten Erfahrungen weitere Vereinbarungen über ihre persönlichen Engagements und die Zukunft der Firma Software Cor treffen, wobei dies, wenn es Frau Gerlinde Cordes, Frau Christa Lehner-Cordes und Herr Volker Cordes wünschen, in einer Mediation geschehen soll.

10.

Sollten vor Ablauf der veranschlagten ca. sechs Monate Schwierigkeiten oder Ereignisse eintreten, die dem Vollzug dieser Vereinbarung entgegenstehen, wird schnellstmöglich eine Mediation einberufen. Wünscht ein Teilnehmer innerhalb der Sechs-Monats-Frist einen Termin zur Erfolgskontrolle, wird dieser innerhalb von zwei Wochen stattfinden.

11.

Der Firmensyndikus Dr. Tiedemann wird beauftragt, diese Vereinbarung innerhalb von drei Tagen in Bezug auf rechtliche Bestimmungen zu überprüfen. Eine eventuell notwendige Nachbearbeitung erfolgt unverzüglich nach dieser Prüfung in einem Mediationstermin.

Ort, Datum

Gerlinde Cordes Christa Lehner-Cordes Volker Cordes

Thomas Cordes

Die Ameisen und Bienen sind engagiert auf ihre Art und vernünftigerweise können wir Menschen uns auch auf die Schliche kommen und Honig saugen aus Einsichten, die nicht nur die Familie Cordes entlasten. Jeder kann sie gewinnen in einem Verfahren, das sich im Gesamtüberblick[60] so darstellt wie auf den folgenden Seiten:

| Verfahrensschritt | Inhalte | Methoden/ Techniken | Übergeordnete Ziele |
|---|---|---|---|
| | *Phase 1* | | |
| • Vorbereitung<br>• Konfliktanalyse<br>• Einführung | • Eröffnung von Gesprächsmöglichkeiten<br>• Analyse der Sachlage als erster Überblick<br>• Erste Analyse des Konfliktstandes<br>• Prüfung der Mediationstauglichkeit<br>• Information über Mediation<br>• Einigung auf Teilnehmer, ev. Vertreter<br>• Organisation des Verfahrens (u.a. Ort, Zeit, ggf. Installation: Forum, Arbeitskreise (etc.)<br>• Verfahrensregeln<br>• Rolle des Mediators<br>• Auftragsklärung/Mediationsvertrag<br>• ... | • Einzelgespräche (auch in den Phasen 2 bis 6), Recherchen<br>• ev. Vortreffen der Runde<br>• Darstellung<br>• Diskussion<br>• Reflexion<br>• ... | **Grundlagen für ein kooperatives Miteinander** |

| Verfahrensschritt | Inhalte | Methoden/ Techniken | Übergeordnete Ziele |
|---|---|---|---|
| | *Phase 2* | | |
| Informations- und Themensammlung<br><br>(»Worum geht es?«, »Was soll geregelt werden?«) | • Die Sichtweise der Teilnehmer klären<br>• Transparenz schaffen Bestands- und Informationsaufnahme<br>• Bisherige und anstehende Planungen offen legen<br>• Respekt, Vertrauen schaffen<br>• Relevante Themen identifizieren und auflisten<br>• Positionen in Themen umformulieren<br>• Angemessener Umgang mit Emotionen<br><br>• ... | • Fragetechniken<br>• Paraphrasieren<br>• Visualisieren<br>• Ich-Botschaften<br>• Differenzieren<br>• Zusammenfassen<br>• Kooperativer Diskurs<br>• Rollenspiele (auch in den Phasen 3 bis 5)<br><br>• ... | **Empowerment (Bekräftigung)**<br><br>**Recognition (Anerkennung)** |
| | Phase 3 | | |
| Bedürfnis- und Interessenklärung<br>(»Warum ist das wichtig?«) | • Interessen und Bedürfnisse hinter den Positionen erarbeiten<br><br>• ... | wie Phase 2 | wie Phase 2 |

| Verfahrensschritt | Inhalte | Methoden/ Techniken | Übergeordnete Ziele |
|---|---|---|---|
| | *Phase 4* | | |
| Kreative Ideensuche/Optionen bilden (»Was wäre denkbar?«) | • Sammlung von Ideen<br>• Auf- und Entdeckung neuer Optionen auf der Grundlage der Interessen<br>• Erweiterung des Verhandlungsspielraums<br>• ... | • Assoziationstechniken<br>• Imaginationstechniken<br>• Systematische Ideensuche<br>• Bild- und Analogietechniken<br>• Reizwortmethode<br>• Vernetztes Denken<br>• ... | **Erweiterung rationaler Handlungsbahnen** |
| | Phase 5 | | |
| Bewertung und Auswahl von Optionen (»Wie können wir es realisieren?«) | Erweiterung rationaler Handlungsbahnen<br>• Bewertung von Lösungsvorschlägen auf der Grundlage der Interessen<br>• Interessenvermittlung und Interessenausgleich<br>• Machbarkeit prüfen (Innen-Check)<br>• ... | • Bewertungskriterien<br>• Prüfkriterien<br>• PMI-Methode<br>• Aktionsplan<br>• Reframing<br>• Integrative Verhandlungstechnik<br>• ... | **Erweiterung der Handlungskompetenz** |

| Verfahrensschritt | Inhalte | Methoden/ Techniken | Übergeordnete Ziele |
|---|---|---|---|
| *Phase 6* | | | |
| Mediationsvereinbarung und Umsetzung | • Mediationsvereinbarung<br>• Klärung der Umsetzung<br>• Machbarkeit prüfen (Außen Check)<br>• ggf. Nachverhandlungen<br>• ... | • Ein-Text-Verfahren<br>• Berichte über Umsetzung<br>• Kontrolle<br>• Nachfolgetreffen<br>• ... | **Langfristig kooperative Beziehungen** |

# Anmerkungen

1 Müller-Fohrbrodt, Gisela: *Konflikte konstruktiv bearbeiten lernen,* S. 17
2 Vgl. Beckman, Jan P.: »Gentechnik und Personbegriff«, S. 28
3 Vgl. Lamprecht, Rolf: »Der gnadenlose Kampf ums Kind«, S. I
4 Vgl. *Wirtschaftswoche,* S. 121
5 Vgl. Ewig, Eugen (Hrsg.): *Mediations Guide*
6 Vgl. Troja, Markus: *Umweltkonfliktmanagement und Demokratie,* S. 10 ff.
7 Vgl. Hehn, Marcus: »Gesetzliche Möglichkeiten eines Verfahrensmittlers im Öffentlichen Recht«, S. 28
8 Vgl. »Schlagworte oder mehr?«
9 Vgl. *Brockhaus-Lexikon* »Kultur«
10 Vgl. Schäffter, Ortfried: »Es lebe die Vielfalt«, S. V1
11 Vgl. Kraus, Steffen: *Rational-kooperatives Handeln,* S. 143
12 Vgl. Fransen: »Das neue Sein des Menschen in Christus«, S. 955
13 Hinweise, teilweise auch zum »Vierklang«, verdanke ich Andrea Budde, Institut für faires Konfliktmanagement und Mediation e.V. Köln, und Stefan Kessen und Dr. Markus Troja, MEDIATOR GmbH Oldenburg.
14 Vgl. Goleman, Daniel: *Emotionale Intelligenz, S. 65*
15 Vgl. Ernst, Heiko: »Empathie, die Kunst, sich einzufühlen«, Titel und S. 20 ff.
16 Vgl. Goleman, Daniel: *Emotionale Intelligenz,* S. 66
17 Vgl. Schulz von Thun, Friedemann: *Miteinander reden,* S. 118
18 Vgl. Stevens, John O.: *Die Kunst der Wahrnehmung,* S. 102
19 Ebd., S. 104
20 Vgl. Häring, Bernhard: *Sünde im Zeitalter der Säkularisation,* S. 82
21 Vgl. Hager, Angelika: »Supermarkt Seele«, S. 141 ff.
22 Vgl. Korff, Wilhelm: *Wie kann der Mensch glücken?,* S. 17 ff.
23 Vgl. Keller, Albert: *GKP-Informationen*
24 Vgl. Hoffmann-Riem, Wolfgang: *Modernisierung von Recht und Justiz,* S. 66
25 Vgl. Hauser, Theresia: *Tag für Tag mein Leben*
26 Hager, Angelika: »Supermarkt Seele«, S. 142
27 Hinweise verdanke ich Andrea Budde, Stefan Kessen und Dr. Markus Troja.
28 Vgl. Schulz von Thun, Friedemann: *Miteinander reden*
29 Vgl. Deutsch, Morton: *Konfliktregelung*
30 Vgl. Berkel, Karl: *Konflikttraining*
31 Ebd., S. 47

32 Vgl. Troja, Markus: *Umweltkonfliktmanagement und Demokratie*, S. 47 ff.
33 Vgl. Besemer, Christoph: *Mediation – Vermittlung in Konflikten*
34 Vgl. Fisher, Roger / Ury, William / Patton, Bruce: *Das Harvard-Konzept. Sachgerecht verhandeln – erfolgreich verhandeln* (im amerikanischen Original: Fisher, Roger / Ury: *Getting to YES, Negotiating Agreement Without Giving In,* Boston 1981). Es beschäftigt sich in erster Linie mit dem Aushandeln konkreter Geschäftsabschlüsse.
35 Vgl. Ott, Rudi: *Wertvoller als alles Gold ist die Seele,* S. 63
36 Der abgewandelte Fall stammt im Original aus der Praxis von Andrea Budde
37 Vgl. auch für die folgenden Überlegungen: Montada, Leo / Kals, Elisabeth: *Mediation*
38 Vgl. ebd.
39 Vgl. Buchmann, Knud E.: *Nimm dein Schicksal in deine Hand*
40 Vgl. Giesen, Traugott: *Was tun Christen, wenn sie glauben?*
41 Vgl. Haynes, John M.: *The fundamentals of Family Mediation,* New York 1994 und Humle, Susse: *Schwierige Mitarbeitergespräche erfolgreich führen*
42 Vgl. Stevens, John O.: *Die Kunst der Wahrnehmung,* S. 111
43 Die folgenden Paraphrasierungshinweise verdanke ich Andrea Budde, Stefan Kessen und Dr. Markus Troja.
44 Vgl. Beer, Ulrich: *Lebensdummheiten*
45 Vgl. Fischle-Carl, Hildegund: *Ich und das Kind, das ich war,* S. 53 ff.
46 Vgl. Dulabaum, Nina L.: *Mediation,* S. 60
47 Vgl. Thomann, Christoph / Schulz von Thun, Friedemann: *Klärungshilfe,* und Weinberger, Sabine: *Klientenzentrierte Gesprächsführung*
48 Vgl. Larisch-Haider, Nina: *Von der Kunst, sich selbst zu lieben,* S. 17 ff.
49 Vgl. Balling, Ludwig: *Liebe macht keinen Lärm*
50 Vgl. Helling, Ralf: »Gefühle sind gefährlich für Männer«, S. 10 f.
51 Vgl. Tausch, Reinhard und Anne-Marie: *Möchten Sie unsterblich sein?*
52 Vgl. Musil, Robert: *Der Mann ohne Eigenschaften*
53 Siehe Anmerkung 39
54 Vgl. Budde, Andrea: *Kreativität,* S. 1–15
55 Vgl. Probst, Gilbert J. / Gomez, Peter: *Vernetztes Denken*
56 Vgl. Blickhan, Claus / Ulsamer, Bertold: »NLP«
57 Vgl. Ury, William, L.: *Getting Past No,* S. 71 ff.
58 Siehe Anmerkung 39
59 Vgl. Hoffmann-Riem, Wolfgang: *Modernisierung von Recht und Justiz,* S. 63–75
60 Vgl. Troja, Markus: *Umweltkonfliktmanagement und Demokratie,* S. 14

# Literaturverzeichnis


Balling, Ludwig: *Liebe macht keinen Lärm. Wie man lieben und sich freuen lernt,* Freiburg 1992

Beckman, Jan P.: »Gentechnik und Personbegriff«, in: *Zur Debatte,* 28. Jahrgang, Nr. 4

Beer, Ulrich: *Lebensdummheiten,* München 1990

Berkel, Karl: *Konflikttraining. Konflikte verstehen und bewältigen,* Heidelberg 1985

Besemer, Christoph: *Mediation – Vermittlung in Konflikten,* Baden $^{7}$2000

Blickhan, Claus / Ulsamer, Bertold: »NLP: Kürzel für verschärfte Wahrnehmung«, in: *CONGRESS & SEMINAR,* Heft 11/1985

*Brockhaus-Lexikon* »Kultur«, Band 10, Wiesbaden/München 1982

Buchmann, Knud E.: *Nimm dein Schicksal in deine Hand. Seelische Gesundheit durch Selbstverantwortung,* Freiburg 1992

Budde, Andrea: *Kreativität. Überblick. Skriptum zur Qualifizierung von betrieblichen Konfliktlotsen,* Köln 2001

Deutsch, Morton: *Konfliktregelung. Konstruktive und destruktive Prozesse,* München/Basel 1976

Dulabaum, Nina L.: *Mediation: Das ABC. Die Kunst, in Konflikten erfolgreich zu vermitteln,* Weinheim/Basel $^{2}$2000

Ernst, Heiko: »Empathie, die Kunst, sich einzufühlen«, in: *Psychologie heute,* März 2001

Ewig, Eugen (Hrsg.): *Mediations Guide,* Köln 2000

Fischle-Carl, Hildegund: *Ich und das Kind, das ich war. Lebensfreude durch Befreiung,* Freiburg 1991

Fisher, Roger / Ury, William / Patton, Bruce: *Das Harvard-Konzept. Sachgerecht verhandeln – erfolgreich verhandeln,* Frankfurt/M. $^{16}$1997

Fransen: »Das neue Sein des Menschen in Christus«, in: *Sacramentum mundi IV/2*

Giesen, Traugott: *Was tun Christen, wenn sie glauben? 10 Antworten,* Gütersloh 1992

Goleman, Daniel: *Emotionale Intelligenz,* München [13]2000
Häring, Bernhard: *Sünde im Zeitalter der Säkularisation. Eine Orientierungshilfe,* Graz/Wien/Köln 1974
Hager, Angelika: »Supermarkt Seele«, in: *Profil* Nr. 50, Heft 12/1998
Hauser, Theresia: *Tag für Tag mein Leben. Wege zum ganzheitlichen Menschen,* München 1986
Hehn, Marcus: »Gesetzliche Möglichkeiten eines Verfahrensmittlers im Öffentlichen Recht«, in: *Studienbrief Umweltmediation. Eine interdisziplinäre Einführung,* Bonn 1999
Helling, Ralf: »Gefühle sind gefährlich für Männer«, in: *BISS – Bürger in sozialen Schwierigkeiten,* München, Heft 2/2000
Hoffmann-Riem, Wolfgang: *Modernisierung von Recht und Justiz. Eine Herausforderung des Gewährleistungsstaates,* Frankfurt/M. 2001
Humle, Susse: *Schwierige Mitarbeitergespräche erfolgreich führen. Ein Leitfaden für Vorgesetzte,* Köln 1998
Keller, Albert: *GKP-Informationen,* Nr. V/2001
Korff, Wilhelm: *Wie kann der Mensch glücken? Perspektiven der Ethik,* München 1985
Kraus, Steffen: *Rational-kooperatives Handeln. Eine geeignete Alternative zum Bauprozess,* Sonderdruck aus *Jahrbuch Baurecht,* Düsseldorf 1998
Lamprecht, Rolf: »Der gnadenlose Kampf ums Kind, in: *Süddeutsche Zeitung* vom 5./6. Mai 2001
Larisch-Haider, Nina: *Von der Kunst, sich selbst zu lieben,* München 1993
Montada, Leo / Kals, Elisabeth: *Mediation. Lehrbuch für Psychologen und Juristen,* Weinheim 2001
Müller-Fohrbrodt, Gisela: *Konflikte konstruktiv bearbeiten lernen. Zielsetzungen und Methodenvorschläge,* Opladen 1999
Musil, Robert: *Der Mann ohne Eigenschaften,* Hamburg 1978
Ott, Rudi: *Wertvoller als alles Gold ist die Seele. Die Weisheit großer Philosophen nutzen,* München 1999
Probst, Gilbert J. / Gomez, Peter (Hrsg.): *Vernetztes Denken. Ganzheitliches Führen in der Praxis,* Wiesbaden [2]1991
Schäffter, Ortfried: »Es lebe die Vielfalt«, in: *Süddeutsche Zeitung* vom 26./27. Juni 1999

»Schlagworte oder mehr?« Schulfunksendung des Bayerischen Rundfunks am 22. November 2001 in Bayern 2 (Manuskript)

Schulz von Thun, Friedemann: *Miteinander reden: Störungen und Klärungen. Psychologie der zwischenmenschlichen Kommunikation,* Reinbek 1988

Stevens, John O.: *Die Kunst der Wahrnehmung. Übungen der Gestalt-Therapie,* Gütersloh [15]2000

Tausch, Reinhard und Anne-Marie: *Möchten Sie unsterblich sein?* München o.J.

Thomann, Christoph / Schulz von Thun, Friedemann: *Klärungshilfe. Handbuch für Therapeuten, Gesprächshelfer und Moderatoren in schwierigen Gesprächen,* Reinbek 1997

Troja, Markus: *Umweltkonfliktmanagement und Demokratie. Zur Legitimation kooperativer Konfliktregelungsverfahren in der Umweltpolitik,* Köln 2001

Ury, William L.: *Getting Past No. Negotiating with Difficult People,* New York 1991

Weinberger, Sabine: *Klientenzentrierte Gesprächsführung. Eine Lern- und Praxisanleitung für helfende Berufe,* Weinheim/Basel 1998

*Wirtschaftswoche,* Nr. 19 vom 6. Mai 1999